# M. LE DUC D'AUMALE

## NOTICE HISTORIQUE

*Lue en séance publique le 27 novembre 1897*

# M. LE DUC D'AUMALE

## NOTICE HISTORIQUE

*lue en séance publique le 27 novembre 1897*

PAR

## M. GEORGES PICOT

SECRÉTAIRE PERPÉTUEL

DE L'ACADÉMIE DES SCIENCES MORALES

ET POLITIQUES

Avec un portrait et la bibliographie

PARIS

LIBRAIRIE HACHETTE ET Cⁱᵉ

79, BOULEVARD SAINT-GERMAIN, 79

1898

# M. LE DUC D'AUMALE

## NOTICE HISTORIQUE

*Lue en séance publique le 27 novembre 1897*

Messieurs,

S'il est vrai que, pour être digne d'écrire l'histoire, il faut y avoir été mêlé de très près et, pour ainsi dire, l'avoir faite, comment s'étonner de l'éclat que notre histoire militaire doit à l'illustre soldat dont nous pleurons la perte et dont nous devons aujourd'hui honorer la mémoire?

Né près du trône, placé par la Providence assez haut pour être enclin à croire que tous les honneurs lui étaient dus, il a tenu à les mériter. Tandis que trop souvent l'ambition des princes veut être servie, il a voulu servir pour être capable de commander. Aimant passionnément la guerre, il avait conçu dans son esprit tous les rêves de gloire; déjà, il les saisissait comme des réalités, lorsque les révolutions enlevèrent à la fois à ce général de vingt-six ans son épée et sa patrie.

Vingt-deux années d'exil s'abattirent sur son front sans le courber; il endura les plus cruelles souffrances : citoyen expulsé de la cité, officier exclu de l'armée, père de famille voyant périr un à un tous les rejetons de son sang, il perdit tout, sauf l'espérance.

Quand les changements de fortune le rendirent au sol natal, il n'eut qu'une pensée : servir dans l'âge mûr le drapeau de sa jeunesse. Pendant six années, il monta la garde à la frontière mutilée et, quand, victime des injustices des partis, il se vit de nouveau privé de ses droits, chassé de son foyer, il reprit avec plus de force les travaux d'histoire qui avaient toujours été la consolation de ses

deuils, maniant la plume, comme il avait
manié l'épée, et, pour toute vengeance, ne
concevant, aux termes d'une vie traversée de
tant de contrastes, qu'une ambition, celle
d'élever par ses livres et par ses dons, un
double et impérissable monument digne, en
tout de sa race et de sa patrie.

Henri d'Orléans naquit à Paris, le 16 janvier 1822. Son enfance s'écoula entre le
Palais-Royal et Neuilly : une mère admirable
forma son âme tandis que la haute intelligence de son père s'appliqua à éveiller son
esprit. Le duc et la duchesse d'Orléans
avaient établi les règlements les plus minutieux et ils en surveillaient eux-mêmes l'application. Rien ne ressemblait moins à la vie
des cours. Un intérieur de famille très régulier et très intime, l'affection de trois sœurs
aînées, la vue de trois frères qui le précédaient dans la vie inspirèrent les premières
pensées du jeune prince. Son père avait des
idées très arrêtées sur l'éducation. Il n'avait

voulu pour ses fils ni d'un gouverneur en un palais, ni de chasses avec des pages. Pour les préserver d'une telle école de vanité, il avait résolu de les mettre au collège. Sous la Restauration, c'était une hardiesse sans précédents. Comment obtenir l'agrément du Roi? Les entretiens avaient été longs et étaient devenus pénibles. Le duc d'Orléans avait déclaré que ses fils devaient être des hommes de leur temps. Louis XVIII avait répondu que des princes ainsi élevés deviennent des sujets dangereux.

La volonté du père l'avait emporté, non sans froissement, sur celle du Roi et successivement, vers leur onzième année, les princes étaient entrés au collège Henri IV. Ils en suivaient les classes et revenaient le soir au Palais-Royal où le choix heureusement inspiré de leur père avait rassemblé un groupe d'élite, formant, à côté de la réunion intime de la mère et des sœurs, une famille intellectuelle composée de très jeunes professeurs, tous désignés par d'éclatants triomphes au concours général. Le duc d'Aumale avait cinq ans quand son père le confia à un lauréat du prix d'honneur qui devait se consacrer à cette œuvre et y attacher à jamais son nom. M. Cuvillier-Fleury devina tout ce que promettait l'enfant; il ne se laissa détourner de sa mission ni par le mouvement de la politique qui l'attirait, ni par le spectacle des événements de 1830, dont il ressentait les ardeurs de toute son âme; aux études régulièrement suivies, il sut mêler, dans une mesure parfaite, ces émotions du dehors, dont il faut se garder de sevrer l'enfance parce qu'elles sont le levain de l'âme. Qui sait si le secret des grandes actions n'est pas une éducation qui, au milieu d'une sévère discipline de l'esprit, ne craint pas d'exalter le cœur? Le maître aimait passionnément les lettres latines et il avait l'art de les faire aimer. Virgile et Horace, Cicéron et César, Tite-Live et Tacite étaient vraiment ses contemporains et ses amis; il introduisit parmi eux son élève, l'habitua à leur commerce, les animant de sa parole et faisant passer par eux ces inspirations du patriotisme qui, pour être profondes, ne doivent jamais être une leçon. Aux heures de récréation, pendant les promenades de chaque jour, il ne s'agissait plus de l'antiquité, mais des souvenirs tout récents de nos gloires, des guerres de la Révolution et de l'Empire, de la cocarde aux trois couleurs. L'élève écoutait ces récits, en nourrissait sa jeune imagination, les redemandait, ne se lassait pas de questionner sur la série des batailles de 1792 à 1813, sur les uniformes, sur les régiments, sur les survivants des grandes guerres : il était fier d'être fils d'un combattant de Valmy et heureux que son père lui eût donné pour maître un homme qui avait vu l'Empereur.

Nul n'est capable de comprendre 1830 et les hommes de ce temps s'il ne se pénètre des deux idées de patriotisme et de liberté qui faisaient le fond des passions de la jeunesse. Le fils aîné du duc d'Orléans les ressentait toutes : ses jeunes frères partageaient ses ardeurs : aussi qu'elles ne furent pas leurs transports quand ils virent reparaître au sommet de nos monuments le drapeau tricolore, emblème de nos fiertés nationales!

Peu après, le duc d'Aumale allait s'asseoir sur les bancs du collège Henri IV. Ce n'était pas une vaine forme; l'assiduité de l'élève n'avait rien d'intermittent. Les cahiers de correspondance, précieusement conservés, l'attestent. Ni le père, devenu Roi, ni le maître ne l'auraient souffert. L'historien de Condé raconte qu'au collège de Bourges, Louis de Bourbon était séparé de ses condisciples par une balustrade dorée [1]. Rien de semblable à Henri IV; aucune barrière entre l'élève et ses camarades; aussi que de conversations! les maîtres s'en plaignaient parfois : un professeur solennel donne comme note de conduite : « Bien, sauf qu'il aime trop les oreilles de ses voisins ». Un jeune et brillant historien, qui ressentait déjà une

1. *Hist. des Princes de Condé*, t. III, p. 319.

prédilection pour l'élève, destiné à être son confrère, écrivait : « conduite légère : beaucoup trop de gaieté et de mouvement ». Les notes pour les devoirs et les leçons sont pleines de détails : la franchise des professeurs est absolue et l'on croirait lire le cahier d'un brillant élève de famille obscure, si, en face d'une classe manquée, ce qui était rare, on ne lisait pour excuser le collégien : « Ouverture des Chambres ».

Le duc d'Aumale s'était mis dès le début à la tête de sa classe : quand vinrent les épreuves du concours général, où les plus défiants ne pouvaient soupçonner une faveur, sa supériorité éclata. Il était très aimé de ses compagnons. Ses succès furent un triomphe pour tous ses camarades. Chaque année, de 1834 à 1839, son nom retentit à la Sorbonne. Il n'y eut pas une composition d'histoire où il ne fut nommé ou couronné, et en rhétorique, il remporta le $2^e$ prix de discours français et le $2^e$ prix d'histoire. Tel était aux Tuileries, dans le cercle de famille, le retentissement de ces succès que jamais la Reine ne manquait à la distribution du Grand Concours. Les deux prix de rhétorique méritaient plus : le Roi vint à la Sorbonne pour voir couronner son fils [1].

Les études achevées, la carrière militaire s'ouvrait. Entre le collège et la vie nouvelle, le Roi ne laissa pas s'écouler une heure. Le lauréat qui avait été acclamé le 20 août au collège était nommé le 21 août capitaine d'infanterie et recevait l'ordre de rejoindre dans les vingt-quatre heures au camp de Fontainebleau le 4ᵉ régiment d'infanterie légère dans lequel il était incorporé.

Le travail et la vie des camps, telle qu'on la menait alors, ressemblait assez aux manœuvres d'automne au cours desquelles l'armée actuelle apprend à supporter les fatigues de la guerre. Mis sur le même pied que ses compagnons d'armes, chargé de soixante-quinze hommes dont il avait la res-

1. *Moniteur* du 20 août 1839.

1.

ponsabilité, le nouveau capitaine prit part à toutes les marches, ne fut dispensé d'aucun exercice et ne tarda pas à faire comprendre à tous qu'il prenait au sérieux le métier. Il n'obéissait pas seulement à un goût très profond de la discipline et du devoir; il se sentait entraîné par un attrait de nature « pour la guerre, pour cette vieille passion de ses pères qui avait conquis son âme ».

« Vois-tu, écrivait-il à un ami, je ne le dis qu'à toi, parce que, toi seul, tu ne me trouveras ni vain ni ridicule; quand, confondu dans le rang, j'entends tonner le canon, quand mes naseaux s'ouvrent à l'odeur de la poudre, j'oublie que nous jouons la comédie, une sorte de délire s'empare de moi; il me semble que j'aurais dans les batailles cette fièvre qui fait réussir et je reste en extase, jusqu'à ce que la voix monotone du chef de bataillon me rappelle à la réalité. » (29 septembre 1839.)

Lorsque le camp fut levé, au milieu d'octobre, les nuits sous la tente l'avaient

rompu aux intempéries, il regrettait la vie
en plein air et ne se consolait qu'en se plongeant dans les études militaires, prélude de
plus rudes campagnes.

Dix ans de luttes glorieuses avaient tourné
vers la terre d'Afrique toutes les pensées des
hommes de guerre. Si la conquête totale ou
l'occupation restreinte avaient divisé les
politiques, les militaires n'avaient jamais
hésité; à leur tête, le duc d'Orléans s'était
épris de l'Algérie; brûlant d'agir, il y avait
trouvé les champs de bataille que l'Europe
lui refusait. Il appréciait depuis longtemps
les qualités de son jeune frère; il se sentit
attiré par une sympathie bien autrement
vive, lorsqu'il vit éclater en lui la vocation
militaire. Une expédition était nécessaire
pour repousser les incursions des Arabes.
Au printemps de 1840, il partit pour la troisième fois, emmenant le duc d'Aumale comme
officier d'ordonnance.

Son voyage, le débarquement à Alger,
l'entrée en campagne furent un enchan-

tement. Tout ce que ses frères lui avaient
dit de l'Afrique était dépassé. Le journal
qu'il tient chaque soir et qu'il avait conservé parmi ses manuscrits les plus intimes,
est précis, écrit d'un style sobre, nullement
pompeux, mais à travers les faits, quel pé-
tillement d'idées! quels élans! et, dès le
début, quelle sûreté de jugement! L'hésitation du commandement l'inquiète : il
signale de bons officiers, d'excellents colonels, mais ne voit personne pour conduire.
Enfin, l'expédition est décidée : le maréchal
Valée a donné à la division que commande
le duc d'Orléans l'ordre de marcher : dès
la première étape, à Bouffarick, un spectacle nouveau l'attendait : « Nous avons
trouvé, écrit-il, Lamoricière qui arrivait
de Koléah avec un bataillon de zouaves. Le
cœur m'a battu quand j'ai vu ces visages
bronzés par le soleil, ces figures martiales où
la gravité du soldat éprouvé se mêlait à la
gaieté française; mon frère me serrait le bras,
en me disant : Je nage dans la joie. Le soir,

j'ai beaucoup causé avec Lamoricière. C'est un homme bien remarquable. » Le lendedemain et les jours suivants, on attend des ordres qui n'arrivent pas; pour prendre patience, il interroge; « nous avons ici, dit-il, des hommes de mérite près desquels je cherche à m'instruire de tout ce qui a été fait et de ce qu'il faudrait faire dans ce pays ». Les ordres si longtemps espérés parviennent. « Voilà le bon moment enfin arrivé. » La colonne gagne Blidah et le dépasse; on franchit la Chiffa; après douze heures de marche, on s'arrête; hommes et chevaux sont exténués; il est trois heures; on ne rencontrera pas l'ennemi avant le lendemain; on commençait à camper, lorsqu'on signale à l'horizon trois ou quatre mille burnous blancs au milieu desquels flotte le drapeau rouge du bey de Milianah. Le clairon retentit : on court aux faisceaux. « Là, écrit le jeune officier d'ordonnance, je vis avec admiration cette poignée de braves gens, harassés par une longue marche et par une nuit sans sommeil secouer leur fatigue en présence de l'ennemi et courir aux armes avec une ardeur, une gaieté qui faisait battre le cœur! »

Quelques instants après, le combat était engagé et le prince recevait le baptême du feu. La cavalerie devait jouer le rôle principal; elle gagnait au trot le point décisif, lorsque le duc d'Orléans, qui suivait le mouvement, s'écria : « Allez dire au colonel Bourjolly qu'il marche en avant! » C'était à moi de porter l'ordre. Je ne me le fis pas dire deux fois : quand j'arrivai aux chasseurs, ils marchaient en bataille au galop. Je cherchai le colonel; je ne le vis pas. La charge commençait. Ma foi! je ne pouvais, ni ne voulais m'en aller; je poussai mon cheval et je tâchai d'aller de mon mieux. C'était magnifique : tous les hommes, l'œil en feu, le sabre à la main, couchés sur leurs chevaux; devant nous, à cinq ou six pas, les burnous blancs des Arabes qui se retournaient pour nous tirer des coups de fusil ou de pistolet. La charge fut très brillante. On l'arrêta au moment où nous allions tenter le passage de la rivière. Je trouvai derrière moi Jouve, sous-lieutenant de spahis, qui avait cherché à m'arrêter et qui m'avait constamment suivi, Jamin, un peu après Gérard, Montguyon, toute la compagnie que mon frère avait mise à mes trousses. Je revins alors à mon poste où je n'eus pas de peine à me disculper. »

Le duc d'Orléans avait été très inquiet, mais il se sentait très fier : il reconnaissait son sang. Le duc d'Aumale avait conquis au combat de l'Affroun, sans que personne y vît une faveur, sa première citation à l'ordre de jour.

En même temps qu'il s'éprend de la vie militaire, aucune des scènes d'Afrique ne le laisse insensible. Ébloui par le soleil des pays chauds, il est émerveillé des hommes, des costumes, des bâtiments; il se plaît aux couleurs et aux jeux de lumières. Il regrette de n'avoir pas amené Decamps. Ses descriptions de paysages ont la précision d'un officier d'état-major et la poésie d'un artiste. Les couchers de soleil lui causent le plus vif enthousiasme; au milieu d'une action militaire qui le passionne, « l'Atlas d'un bleu foncé se dessinant sur un ciel de pourpre », un vieil aqueduc jeté entre deux coteaux du Sahel, éclairé par le soleil couchant et laissant voir la mer entre ses arceaux ruinés, sont peints avec la vigueur d'un coloriste; sous sa plume, toute action devient un tableau.

Parmi les faits de guerre qui devaient se graver dans sa mémoire, il en est peu qui aient eu plus d'éclat que l'enlèvement du col de Mouzaïa. Entre Blidah et Médéah s'élèvent des montagnes qu'occupait avec toutes ses forces l'émir Abd-el-Kader. Il ne fallait pas songer à s'établir à Médéah sans déloger les Arabes d'une position qui commandait la plaine; on disait qu'ils l'avaient rendue inexpugnable. Deux redoutes y avaient été construites, ainsi que des retranchements sur toute la montagne, défendus par six pièces de canon, et par l'émir en personne, commandant 5 000 fantassins. Dans la nuit du 12 mai 1840, le duc d'Orléans avait placé chaque corps au point où devait commencer l'attaque; aux premiers feux du jour, le signal fut donné. « On fit poser les sacs et nos admirables soldats partirent pleins de joie, bondissant comme des chèvres, avec une ardeur qu'on ne peut décrire mais qu'on n'oublie pas. A peine étaient-ils lancés dans la montagne qu'une fusillade épouvantable se fit entendre sur le pic de Mouzaïa, et en levant la tête, nous vîmes la brigade Duvivier s'avancer au pas de course au milieu d'un nuage de fumée. » Un instant on crut l'attaque compromise; on ne voyait plus nos troupes; mais la fusillade continuait derrière un pli de terrain; le feu plongeant de l'artillerie et de la mousqueterie arabes infligeait des pertes cruelles à nos soldats, mais n'arrêtait pas leur élan. On les vit reparaître .

« On battit la marche du 23ᵉ et nos

petits fantassins débouchèrent grandis par le danger, plus droits qu'à la parade, l'œil en feu, le jarret tendu, comme s'ils allaient à la fête. Quand on arriva à la montée la plus raide, le 2ᵉ bataillon monta tout droit au milieu des broussailles ; les tambours et les clairons battaient la charge et les derniers coups de feu leur servaient de basse : c'était superbe. Je trouvai Gueswiller épuisé, assis par terre, sans pouvoir avancer ; je me jetai à bas de mon cheval, je le forçai d'y monter, et, me fiant à mes jambes de dix-huit ans, je rejoignis à la course les grenadiers qui marchaient en avant des tambours. J'arrivai au moment où l'on plantait sur la position le drapeau du 23ᵉ ; l'autre colonne débouchait en même temps par la gauche. »

« Quand je vis ces braves soldats de tous les régiments confondus, courant encore pour lancer quelques derniers coups de feu aux ennemis qui s'enfuyaient, quand je vis avec cela cette scène imposante de la nature éclairée par le soleil couchant, le délire me prit comme les autres.... »

« J'assistai alors à une scène magnifique. Lamoricière, Duvivier, Changarnier arrivaient à pied, débraillés, sans col, couverts de sueur et de poussière, leurs habits criblés de balles, pêle-mêle avec des soldats de toutes armes. Dès qu'ils virent mon frère, ils fondirent en larmes et pendant cinq minutes : Vive le Roi! Vive le Duc d'Orléans! fut tout ce qu'on put tirer d'eux. On échangea alors quelques paroles brèves et franches comme on en dit dans ces grandes circonstances. Ce sont de ces émotions qu'on n'oublie jamais. »

A dater de ce jour, le duc d'Aumale appartenait corps et âme à l'Algérie. Il était un soldat de cette armée d'Afrique qui devait achever la conquête. En revenant à Paris, en recevant des mains du Roi la croix de la Légion d'honneur qu'avait réclamée pour lui le maréchal Valée, il n'avait qu'une pensée : retourner au milieu des soldats

qu'il avait admirés pour partager leurs fatigues et leurs dangers.

L'attachement qui le portait vers son
frère aîné était devenu, au cours de la campagne, une profonde admiration; il lui avait
vu, dans les heures difficiles, le sang-froid
et le coup d'œil d'un chef. A l'autorité que
lui donnait son rang et que confirmait son
mérite supérieur, il joignait « toutes les
grâces de l'esprit et toutes les délicatesses
du cœur »[1]. Ce qu'un artiste a saisi en un
moment d'inspiration, cette attitude gra-
cieuse et confiante du jeune officier d'ordonnance appuyé sur le cheval de son général et attendant un ordre, c'est l'image
vivante de cette intimité qu'avait scellée
la campagne de 1840. Le duc d'Orléans
initiait ses frères à toutes ses pensées. De
retour à Paris, il entretint le duc d'Aumale
des moyens de perfectionner le tir des fan-

1. Duc d'Aumale, Notice sur M. Cuvillier-Fleury, écrite
pour le *Livre du Centenaire du Journal des Débats*,
p. 223.

tassins et le chargea de préparer tout un plan. Le nouveau lieutenant-colonel passa son été à rédiger des mémoiras sur l'organisation des chasseurs à pied. « Les feux de l'infanterie sont nuls, écrit-il, le maréchal de Saxe s'en plaignait déjà; je dirigerai une école spéciale; je passerai mon hiver à Vincennes et à Saint-Omer. C'est un peu moins divertissant que le pavé de Paris; mais c'est plus utile pour un jeune homme qui commence sa carrière; on dit qu'on n'a jamais qu'une seule passion dominante; or, moi, j'en ai deux : la guerre et la patrie. »

Et quelques mois après, quand il est installé à Vincennes, dirigeant les exercices : « Je suis plus heureux que jamais en travaillant, écrit-il; décidément je ne me croyais pas d'une nature aussi laborieuse : Fleury en est émerveillé [1] ». Mais de son cabinet du donjon de Vincennes, il n'a pas d'autre rêve que l'Afrique. Y passer quelques semaines

1. 11 janvier 1841.

ne suffit pas. Il veut y séjourner dix-huit mois, ne revenir que dans l'été de 1842. « Je serai alors mûri par les dangers, les misères et la fatigue. » « Je t'ennuyerais, écrit-il à un ami, si je te contais tous les rêves que je forme pour les mois délicieux que je vais passer de l'autre côté de la mer : avoir deux ou trois belles affaires, soutenir une arrière-garde avec le brave 17ᵉ, crever de faim et de misère pendant quelques mois à Médéah ou à Milianah, puis revenir montrer aux Parisiens les fronts basanés de « mes enfants » et leur faire voir ce qu'ils ne connaissent plus : de vrais soldats[1]. »

Jamais rêve ne fut plus exactement réalisé. La campagne, il est vrai, fut plus courte qu'il ne l'aurait souhaitée, mais il ravitailla Médéah en avril, Milianah en mai, prit part à de brillants combats comme lieutenant-colonel du 24ᵉ de ligne, conquit son grade de colonel et fut appelé comme il l'espérait

1. 22 janvier 1841.

au commandement du 17⁰ léger, à côté
duquel il avait combattu et qu'il proclamait
le « plus ancien, le plus solide, le plus glorieux régiment de l'armée d'Afrique ». Le
jour vint où, après avoir traversé toute la
France, à petites étapes, recevant les ova-
tions, le colonel du 17⁰ léger entra dans
Paris, à la tête de 1 600 hommes bronzés
par le soleil d'Afrique. Nul de ceux qui nous
ayant précédé dans la vie ont assisté à ce
spectacle ne l'a oublié; le contraste entre
l'enthousiasme d'une foule en fête et l'attentat d'un assassin voulant tuer le prince
était bien fait pour fixer cette journée dans
toutes les mémoires.

« On m'a salué, écrit-il, deux jours après,
d'un coup de pistolet pour mon arrivée à
Paris. Je ne m'en plains pas; mon orgueil en
a même été plus flatté que de toutes les ova-
tions qu'on m'a faites. On ne cherche à tuer
que ceux qui en valent la peine [1]. »

1. 18 septembre 1844. L'attentat de Quénisset est du
13 septembre.

On avait tiré plusieurs fois sur Louis-Philippe. Navré de la haine contre un tel roi, le duc d'Aumale, au lendemain d'un nouvel attentat, exprimait avec douleur son indignation : « Quand je vois, écrivait-il, sa poitrine exposée à la rage des fanatiques, j'admire son dévouement si grand et si simple et je suis heureux d'être entraîné dans sa destinée. Je suis heureux d'appartenir à cette famille de parias qu'on isole de plus en plus chaque jour, que tous les partis veulent s'offrir en holocauste, mais à qui ils n'ôteront jamais sa pureté et son courage [1]. »

Il n'avait pas vingt ans; ses états de service comptaient deux campagnes, des mises à l'ordre du jour, et l'envie ne trouvait rien à dire contre ce colonel qui avait su mériter, à force de vaillance et de bonne grâce, l'estime de ses chefs, l'affection de ses camarades et l'amour de ses soldats. Il y a des heures où la popularité risque d'éclater

---

1. 19 octobre 1840, après l'attentat de Darmès qui avait eu lieu le 15 octobre.

trop bruyamment; le duc d'Aumale s'enferma
dans ses devoirs militaires; il avait beaucoup à apprendre; il alla habiter à Courbe-
voie une maisonnette toute voisine de la
caserne, partageant son temps entre l'étude;
les exercices du régiment qu'il réorganisait,
puis terminant sa journée aux Tuileries ou
à Neuilly, où il retrouvait, avec la vie de
famille qu'il aimait, la direction et l'influence
du frère aîné qui était de plus en plus son
guide et qui lui représentait l'avenir de la
France.

La mort du duc d'Orléaus fut un coup de
foudre; elle lui apprit ce qu'était la douleur.
Son frère aîné était l'âme de sa vie. Il se
plaisait à dire qu'il n'était que son bras. Sans
lui, il ne se sentait plus ni pensée, ni
volonté.

Quand il put reprendre goût à l'action,
c'est encore vers l'Afrique qu'il se tourna.
« La vie sédentaire, écrit-il, empoisonnée
par le chagrin, sans distraction et sans intérieur, me tue. » Le prince de Joinville allait

partir pour une croisière; promu maréchal
de camp le duc d'Aumale obtint de s'embar-
quer avec lui à Brest. La frégate le dépose-
rait à Lisbonne, d'où il gagnerait Oran, par
Cadix. Son voyage en Portugal et en Espagne
fut très rapide; son but était Alger; son
idée fixe, arriver à temps pour prendre part à
une expédition. Le vaisseau n'avait pas jeté
l'ancre, qu'un canot s'approchait. Le général Bugeaud était à l'avant; de sa voix de
stentor, il crie au prince : « Je pars demain,
monseigneur, venez-vous? — Assurément! »
répond le duc d'Aumale et le lendemain
il entrait dans Blidah avec la colonne expé-
ditionnaire. Il est ébloui de la conversation du gouverneur général, émerveillé de
ce qui a été fait en une année. Blidah est
méconnaissable; dans les plaines où il avait
rencontré l'ennemi, les Arabes labourent;
des routes sont construites; le progrès est
partout; il ne croit pas que tout soit fini; du
moins « il entrevoit pour la première fois,
dans le problème d'Algérie, une solution

digne de la grandeur de la France ».

Chargé du commandement de Médéah et de Milianah, il multiplie tout l'hiver les expéditions, mais il tient à leur donner un but politique et se montre sévère pour les coups de main qui se bornent à remplir les greniers et les coffres. « Je ne comprends la razzia, écrit-il, que comme opération de guerre et je ne me considère pas du tout comme un chef de brigands au service de l'État. » Ce mot dit tout. Sous l'uniforme, on devine l'administrateur qui a hâte de pacifier après avoir vaincu.

Ce qu'il veut, c'est de trouver la tête et de la frapper. L'ambition qui le possède est d'atteindre Abd-el-Kader. On répète qu'il a accumulé des trésors, groupé un peuple de serviteurs, réuni autour de lui une sorte de cour, dans une ville nomade dont les Arabes décrivent les splendeurs. Comment peut-il se déplacer, fuir aussi rapide que le vent du désert?

Au commencement de mai 1843, le commandant de Médéah préparait une expédition, quand des bruits plus précis lui parviennent; on assure que le camp ennemi passe à quelques journées de distance. Il part, se dirige droit vers le sud, doublant les étapes ; on marche vingt heures de suite; le lendemain, on ne trouve ni guide, ni indications; néanmoins, il fait presser le pas; les provisions sont lourdes; il les laisse en arrière ; l'infanterie retarde la marche, il détache la cavalerie et se lance à sa tête; le chef seul n'hésite pas; il croit avoir observé sur le sol les traces du passage; mais l'eau manque, les chevaux sont las, les hommes épuisés. Si on continue la marche en avant, la retraite sera un désastre. Ceux qui doutaient avaient oublié que le calcul servi par l'audace permettent tout à un général de vingt et un ans.

Que se passe-t-il? les éclaireurs reviennent à toute bride. Derrière un pli de terrain, la Smalah d'Abd-el-Kader est là, couvrant la plaine; on l'a vue, à portée de fusil; ce n'est pas un camp, c'est une ville entière. Les avis se croisent; Yussuf, Morris se pressent autour du prince : pour l'assaillir, il faut toutes nos forces; ne doit-on pas attendre l'infanterie? Où retourner la chercher? Les chefs arabes, nos alliés, supplient le prince de ne pas tenter l'impossible. — « Je ne suis pas d'une race où on recule, réplique le duc d'Aumale. En selle et en avant! » Les 500 chasseurs et les spahis, divisés en trois pelotons, se lancent au galop et font irruption au milieu des Arabes; la surprise empêche toute formation, prévient toute résistance. Au milieu des cris d'épouvante, les coups de feu sont isolés. Partout des combats à l'arme blanche; les chasseurs d'Afrique galopent et tournoient, leur nombre est multiplié par la rapidité de leurs mouvements. En une heure, tout était soumis, les Arabes désarmés, et les zouaves arrivaient pour achever de mettre l'ordre dans cette foule de 10 000 hommes armés, de 60 000 têtes de bétail qui tombaient en nos mains avec les

2.

tentes, les plus grandes familles alliées à l'émir, ses ministres et ses trésors [1].

Ce coup de témérité avait réussi au delà de toute espérance. « La décision, l'impétuosité d'à-propos, voilà ce qui constitue le vrai guerrier », disait Bugeaud, en recevant la nouvelle [2]. Le duc d'Aumale gagnait en prestige sur les tribus arabes tout ce qu'avait perdu Abd-el-Kader, et il achevait d'enlever le cœur des troupes en proclamant partout que s'il y avait quelque gloire en ce fait d'armes elle appartenait aux braves dont la vigueur et l'intrépidité lui avaient permis de saisir l'occasion que Dieu lui envoyait.

Il était plus décidé que jamais à s'attacher à l'Algérie. Il ne revint pendant trois mois d'été en France que pour repartir au commencement d'octobre 1843, regagnant son poste par Turin, Florence, Rome, Naples et Malte, habitant les palais, parce qu'il y était forcé, fréquentant les cours sans s'y plaire,

---

1. 16 mai 1843.
2. Le général Bugeaud au duc d'Aumale, le 23 mai 1843.

visitant avec passion les musées et laissant sous le charme princes et princesses.

Le suivre pas à pas en Afrique serait reproduire, en le résumant, le récit de la conquête, tracé par un maître en l'art d'écrire l'histoire, son confrère de l'Académie, qui avait précieusement recueilli les témoignages du prince [1]. Que pourrions-nous ajouter sur la campagne de 1844, la prise de Biskara, et cette organisation des bureaux arabes, exagérée et détournée de son but, mais si sage dans son principe, si bien conçue par le duc d'Aumale et le maréchal Bugeaud et si féconde entre les mains de Cavaignac, de Bedeau, de Saint-Arnaud qui en ont été les premiers et vaillants titulaires Quand il prit le commandement de la province de Constantine en 1843, elle était gouvernée à la turque, c'est-à-dire qu'elle ne l'était pas.

1. M. Camille Rousset. Par un singulier rapprochement, dans la composition d'histoire au concours général de 1839, en rhétorique, M. Camille Rousset avait eu le premier prix et le duc d'Aumale le second.

L'anarchie et l'oppression étaient extrêmes.
Il employa plusieurs officiers à établir l'as-
siette de l'impôt et au redressement des torts.
En quelques mois, il se fit une transforma-
tion soudaine : la sécurité était complète et
la prospérité dépassait toute prévision. De
cet heureux essai développé par le gouverneur général sortit la direction des affaires
arabes, jusque-là livrées à l'aventure [1]. Il
préludait, dans ce long séjour d'une année
en Afrique, aux efforts d'organisation qu'il
avait dessein d'accomplir.

Son mariage avec la fille du prince de
Salerne, frère de la reine Marie-Amélie, le
rappela en France, puis à Naples. Célébrée
en novembre 1844, cette union fut accom-
plie au milieu des fêtes les plus brillantes;

1. Lettre au prince Albert de Broglie, 17 mai 1860. Le
duc d'Aumale préludait, dans ce long séjour d'une année
en Afrique, à la seconde partie de sa tâche, moins frap-
pante pour l'imagination, mais qui révélait des qualités
de gouvernement bien rares chez un chef de vingt ans,
qualités qui n'étaient pas le fruit de l'expérience, mais
un don de nature.

n'était-ce pas l'image de la vie qui semblait attendre les deux époux? Qui aurait prévu que la jeune et brillante princesse verrait crouler deux trônes, qu'elle aurait à supporter les plus rudes secousses et à multiplier autour d'elle les consolations si nécessaires à ceux que frappent les douleurs publiques?

Le duc d'Aumale n'aimait vraiment que la vie de famille et la vie militaire.

Entre Saint-Cloud, Neuilly, la forêt d'Eu, Chantilly, où il commençait à aller chasser et où il remettait en état le châtelet, aussi bien qu'au milieu des camps de manœuvres, des inspections militaires et des voyages officiels, sa vie était pleine, mais sa pensée franchissait les limites de cet horizon un peu monotone. Son esprit avait d'autres besoins. Ceux qui l'approchaient étaient frappés de sa conversation, de la hauteur de ses vues, de la profondeur de ses réfléxions; il n'aimait pas parler de la politique; il évitait ce sujet avec soin; ses amis disaient tout bas qu'il s'effrayait du long ministère et que son silence, si rarement rompu, recouvrait une respectueuse désapprobation. Le cabinet en était préoccupé, sans vouloir le montrer; il n'y avait pas de lutte, encore moins d'hostilité manifeste, mais on sentait une gêne réciproque. Le maréchal Bugeaud était fatigué et demandait du repos. La popularité du vainqueur de la Smalah était faite pour remplacer celle du vainqueur de l'Isly. Le ministère, en nommant le duc d'Aumale gouverneur général, satisfaisait tout le monde : il faisait sa cour au roi, écartait un censeur d'autant plus fort qu'il était plus réservé et donnait au prince ce qu'il souhaitait le plus : un champ d'action sans limites où, loin des petitesses de Paris, il pourrait enfin faire de grandes choses.

Le duc d'Aumale arrivait à Alger au début d'octobre. Jamais gouverneur ne fut reçu de la sorte. Il semblait que l'Algérie dût accomplir vers la prospérité des progrès éclatants sous l'impulsion si jeune d'un chef auquel la fortune souriait. La duchesse d'Aumale vint le rejoindre. C'était donc un établissement de longue durée. Autour de lui se groupait, avec respect, tout ce qui avait acquis la gloire dans notre Afrique française : Lamoricière et Bedeau, Changarnier et Cavaignac. En quelques semaines, les ordres acquirent plus d'unité : le prince voulait en finir avec la guerre et, pour la terminer, frapper un dernier coup.

Abd-el-Kader, en pleine lutte avec nous, n'avait pas craint de déclarer la guerre au Maroc. Resserrant de plus en plus le réseau qui entourait l'ennemi, le gouverneur général se transporta dans la province d'Oran; ses calculs étaient justes : le 22 décembre, l'émir se rendit au général de Lamoricière, il fut amené le lendemain au duc d'Aumale. Le fatalisme, inexplicable dans l'action, est une parure de dignité qui convient au malheur. Entre ces deux chefs en lutte depuis sept ans l'entrevue fut solennelle; le prince n'avait cessé d'admirer l'homme; il fut frappé de la grandeur du vaincu; il l'exprima dans ses rapports, sans dire la part qui lui revenait dans ce dernier acte de la conquête. Il rentrait dans Alger, après ce nouveau succès, pour commencer véritablement son règne de vice-roi pacifique.

Malgré sa passion pour l'Algérie, ses regards se dirigeaient sans cesse du côté de Paris. Il ne pouvait échapper aux préoccupations que lui causait l'état des affaires en France et en Europe. La guerre en Italie, l'intervention armée de la France absorbe sa pensée : il calcule qu'il peut détacher 15 000 hommes de l'armée d'occupation et les jeter, sans éveiller l'attention, sur tel point désigné de la péninsule; il supplie le duc de Nemours de songer à lui pour une division d'avant-garde. Il ne veut pas penser aux crises intérieures et termine sa lettre par ce mot qui aurait pu être sa devise : *Je suis soldat avant tout* [1].

1. Lettre du 1er février 1848.

Un mois après cette lettre, il s'éloignait d'Alger qu'il ne devait plus revoir. Le vaisseau ne le portait pas vers l'Italie avec une armée, mais l'arrachait à l'Afrique, à son œuvre, à son gouvernement en pleine popularité, pour le mener en exil. Aurait-il pu résister, couper en deux l'armée d'occupation, tenter avec quelques régiments de reconquérir la France? Il ne se posa pas même ces questions; pour lui, le devoir était simple, l'attachement au drapeau sans équivoque; lancer des régiments français les uns contre les autres, c'était à ses yeux un crime contre la patrie.

Au milieu de mars, la frégate française le ramenait en Angleterre : en la quittant, il saluait les couleurs nationales qu'il ne devait plus revoir que vingt-deux ans après. L'exil allait peser sur lui de tout son poids, ne lui laissant qu'un seul des biens qu'il avait connus : cette union de famille, qui avait été la gloire des siens dans les jours heureux et qui devait survivre à la mauvaise fortune. Ses amis lui parlaient de retour prochain ; il connaissait trop l'histoire pour être le jouet de ces illusions. Il savait que pour lui le temps de l'action était passé ; il avait désormais besoin d'une autre vertu : la patience. Il inscrivit, au-dessous de son épée suspendue, cette devise qu'il s'imposa comme une consigne : « **J'attendrai !** »

Douloureuse attente qui, lorsqu'elle agit dans le vide, use les facultés, les tend vers une pensée unique, émousse l'intelligence et aigrit le jugement. Pour échapper à ce péril, le duc d'Aumale prit, dès le début, la résolution de se créer une vie très pleine. Il s'efforce de chasser les souvenirs qui l'obsèdent. Sans perdre un moment, il s'attache au projet de former une bibliothèque de livres d'étude et de les réunir autour de lui ; sa correspondance avec ceux qui disputent ses biens au séquestre en est toute remplie : il veut travailler, écrire ; c'est la seule forme d'action qui lui reste ; il réclame l'envoi des catalogues de vente ; il les annote, expédie des

ordres, effraye par ses prodigalités le président La-Plagne-Barris, qui depuis vingt ans
administre si sagement sa fortune, et lui
promet que l'acquisition qu'il médite « sera
sa dernière folie ».

Là encore, le soldat précède le bibliophile.
L'histoire militaire, les récits de siège,
entrent les premiers dans ses rayons ; les
cartes de tous les champs de bataille depuis
trois siècles sont demandées en Italie, en
Allemagne ; elles sont réunies avec soin ; ce
sera la base même de tout travail. Le Grand
Condé, qui est presque chez lui, et Vauban
sont les premiers hôtes et c'est eux qui
recevront tout le xvii$^e$ siècle. La littérature et
l'histoire viennent peu à peu occuper la place.
Tout ce qui a pensé, tout ce qui a écrit, tout
ce qui a honoré notre langue depuis la fin du
xv$^e$ siècle est représenté dans cette collection. Le duc d'Aumale ne peut franchir la
frontière ; il veut attirer la France et la
retenir autour de lui ; dans ce pavillon de
Twickenham qu'il a choisi, parce que son

père l'a habité en 1810 et que ce séjour lui rappelle que les exils ont un terme, il a fait construire une galerie consacrée à sa collection; elle s'enrichit chaque jour. Il a résisté quelque temps, puis il s'abandonne à la passion des livres. Son goût pour tout ce qui est beau l'entraîne; ses acquisitions, faites avec autant de discernement que de suite, répandaient au loin la réputation d'une bibliothèque bientôt sans rivale. Il s'attachait à réunir ainsi toutes les gloires de l'intelligence française; il leur élevait un monument, mettant son orgueil à le faire admirer aux étrangers, et trouvant sa consolation à en jouir pour lui-même. Il n'avait appris tout ce qu'il savait ni au collège, ni en Afrique; c'est donc en Angleterre, de 1848 à 1855, dans les années où il multipliait ses acquisitions, qu'il nourrit de lectures et d'études une mémoire qui n'oubliait rien. Le travail qu'il accomplit alors fut prodigieux, quoiqu'il ne se mesure ni en livres, ni en publications d'aucune sorte. Ses amis qui franchissaient la Manche pour

faire le pèlerinage de leurs souvenirs revenaient émus de Claremont où ils avaient
salué la Reine et charmés de Twickenham
où ils trouvaient l'esprit le plus vif au service
d'une intelligence dont l'épanouissement les
émerveillait.

Ses lectures étaient considérables; elles
portaient sur tout : l'antiquité, l'histoire
d'Angleterre, la littérature ancienne et con-
temporaine; il avait l'habitude de copier les
passages qui le frappaient, et dans le choix
de ces notes précieusement conservées, on
retrouve non seulement le reflet, mais l'image
précise des pensées qui l'agitaient. C'est en
vain que l'homme chassé de sa patrie s'absorbe en un travail pour y chercher l'oubli.
Les réflexions des penseurs, les remarques
des historiens, tout le ramène à la cause de
ses maux et réveille ses souffrances : tantôt
c'est une page de Macaulay sur les douleurs
de l'exil et les pernicieux conseils qu'il ins-
pire; tantôt c'est un cri de désespoir que
Shakespeare fait pousser à Roméo lorsqu'il

apprend que l'arrêt de mort est commué en bannissement, peine cent fois plus cruelle que la mort; puis, c'est une page, lue, relue et transcrite, dans laquelle Cicéron raconte pourquoi, au moment de son exil, il se refusa à exciter la guerre civile; c'est Platon invoqué par Cicéron et déclarant que contre un père et contre la patrie la violence n'est jamais permise. Ainsi toutes les réflexions, tous les souvenirs se groupent et se fixent pour répondre aux pensées qui l'obsèdent. Il se dit avec le Dante qu'il n'y a pire souffrance que de se rappeler les temps heureux.

Il se trompait : il y avait pour un cœur de soldat une torture pire que l'exil. On allait se battre en Crimée; et son épée demeurerait clouée au fourreau; il verrait ses camarades courir au feu sans qu'il lui fût permis d'être au milieu d'eux. « Je suis fort triste, écrit-il; mon vieux fonds de gaieté naturelle est épuisé. La guerre faite sans nous est toujours ce que j'ai redouté le plus depuis la Révolution de février. Je ne me fais pas à

cela et la pensée que d'autres n'ont pas pris
la place que nous occupions dans les rangs
de l'armée n'est qu'une bien faible consolation. Cependant je travaille pour tâcher de
prendre patience, mais je n'y réussis guère[1]. »

Comment continuer à vivre dans le
XVI⁰ siècle, quand le drapeau français était
engagé? « L'armée, la guerre, la Crimée
étaient ses constantes, ses uniques préoccupations. » En apprenant l'héroïque conduite
de nos troupes algériennes à l'Alma, il ferma
ses vieux livres, rassembla ses souvenirs et
raconta l'origine des *Zouaves et des Chasseurs à pied*. Avec quel entrain, quelle ardeur
de style, quel mouvement! vous vous en
souvenez. C'était le plus brillant début. L'auteur donnait en raccourci un aperçu de l'histoire de l'infanterie française. Rien n'était
oublié, ni les choses, ni les personnes. Tous
les héros d'Afrique y avaient leur place. Le
rôle du duc d'Orléans était mis en pleine

1. 2 août 1855. Lettre à M. Charles Bocher. Voir *Lettres
et récits militaires*, Paris, 1897, p. 244.

lumière. Seul, le commandant de l'école de tir de Vincennes n'avait pas une ligne. Cette omission décélait l'auteur anonyme aux yeux de tous les militaires. Le livre eut un grand succès. Près d'un demi-siècle a passé sur ces pages sans en refroidir l'ardeur : cet éloquent hommage à la valeur de nos soldats fait vivre au milieu des premières campagnes de la conquête d'Algérie, entre l'assaut de Constantine et les combats livrés sur les pentes de l'Atlas; on sent à le lire l'odeur et l'enivrement de la poudre.

Il eut, du moins, jusqu'à la fin de la guerre de Crimée, la joie d'apprendre le triomphe de nos armes et d'entendre, dans le pays qu'il avait choisi pour asile, tous les militaires qui revenaient d'Orient s'incliner devant la vaillance des troupes françaises. C'est en écoutant l'écho de nos succès qu'il reprit la grande œuvre un instant interrompue à laquelle il consacrait tout son temps. Possesseur des archives léguées par l'héritier des Condé, il avait, dès le début de son séjour en Angleterre, assigné pour but à ses efforts l'histoire des princes de cette maison. Rangement de chartes, classement de correspondances, collections de manuscrits et d'imprimés, tout avait été disposé par lui pour éclairer son enquête; il avait commencé à écrire vers 1852, et peu de semaines après l'apparition des *Zouaves*, il avait pu communiquer, à ses amis les plus intimes, les premiers chapitres. Les meilleurs juges y avaient trouvé « une sobriété de style et une simplicité forte » qui les avaient frappés. « C'est ainsi, disaient-ils, qu'écrivent ceux qui ont fait la guerre, administré et gouverné [1]. »

Des voyages en Italie, d'autres études le détournèrent parfois du xvi<sup>e</sup> siècle. Est-ce après l'acquisition de l'exemplaire des commentaires annotés par Montaigne ou bien en relisant les campagnes de César avec son fils aîné, le prince de Condé, dont il suivait de

1. Lettre de M. Cuvillier-Fleury, 15 juillet 1855.

3.

très près les études, qu'il s'éprit du problème fort discuté de l'emplacement d'Alésia? Ce qui est certain, c'est qu'à la fin de 1857, il réclamait des documents, faisait lever des plans, rassemblait tout ce qui avait paru en Franche-Comté et en Bourgogne sur le souvenir historique que se disputaient les deux provinces. « Il me semble, écrivait M. Cuvillier-Fleury, que vous prenez au Grand Condé le temps que vous donnez à César. Ils sont frères d'armes et peuvent se partager vos soins, mais charité bien ordonnée commence par soi-même. Je doute que le vainqueur de Rocroy vous sache au fond très bon gré de le planter là pour la plus grande gloire de César parmi les ruines problématiques d'Alésia [1]. »

L'infidélité fut de courte durée; il en résulta une œuvre solide, écrite avec compétence et talent, qui constitua un jugement définitif. D'autres historiens de César en purent con-

---

1. 9 octobre 1857.

cevoir quelque humeur, mais la sentence ne fut point réformée. Elle était irréfutable et, ce qui est rare, elle mit fin à la querelle.

Avec une extrême facilité de travail, le duc d'Aumale était très sévère pour lui-même, il hésitait à déclarer son œuvre achevée. Il n'aurait pas voulu chercher des prétextes pour la retarder, mais il les saisissait au vol. Il retrouvait un jour, parmi ses livres, les traces des premiers bibliophiles et il publiait des *Notes sur deux petites biblio-thèques françaises du* XV<sup>e</sup> *siècle*; des pièces inédites relatives à un roi dont les malheurs ont laissé la postérité indifférente passent sous ses yeux, il les réunit sous le titre assez modeste de *Notes et documents relatifs à Jean, roi de France*; il s'attache à ce prince, découvre de nouveaux documents et ajoute un second volume. Ses archives contiennent une description de la plus belle collection du XVII<sup>e</sup> siècle : il ne peut résister au plaisir de la faire visiter par les curieux de son temps, et il publie l'*Inventaire des meubles du car-*

*dinal Mazarin*. Une exposition de beaux-arts a lieu à Londres; il veut y prendre part sans se dessaisir de ses trésors, et il a l'idée de faire une description qu'il exécute lui-même des raretés réunies sous son toit.

Il avait besoin de ces distractions de l'esprit. Le supplice de la Crimée venait de se renouveler. Le drapeau français avait été engagé de nouveau, et ce n'était pas seulement la vue de ses compagnons ou les nouvelles de Magenta et de Solférino qui ranimaient ses impatiences d'agir, c'était la cause elle-même qui réveillant toutes les émotions les plus lointaines de sa vie, lui faisait battre le cœur. L'indépendance de l'Italie était une de nos passions nationales : l'Europe avait vu se prolonger, depuis 1815, le joug de l'Autriche; il se trouvait, dans les cabinets, des sages qui parlaient de prescription; mais, en France, le temps ne couvre pas l'injustice. Le duc d'Aumale avait rêvé, dans ses songes de jeunesse, qu'il contribuerait à affranchir Milan et Venise; sa seule consolation fut de penser que, dans les rangs de nos alliés, figurait, pour ses débuts, un des plus vaillants rejetons de sa race, et qu'un des fils du duc d'Orléans, fidèle au testament de son père, combattait pour une cause libérale à côté de l'armée française [1].

Il se sentait frémir jusqu'au fond de l'âme lorsqu'il faisait un retour sur lui-même, sur son impuissance, sur sa vie brisée, sur ce que son cœur contenait d'action sans but, de force sans emploi. Il accomplissait un perpétuel et douloureux effort pour refouler les sentiments qui grondaient en lui. Un jour vint où il lui fut impossible de se contenir. A la tribune du Luxembourg, un prince, hôte de passage du Palais-Royal, où le duc d'Aumale était né, avait insulté la famille d'Orléans. La réplique ne se fit pas attendre. Peu après l'attaque, un matin, dans Paris, parut, signée « Henri d'Orléans », la leçon d'histoire la plus brillante. En deux heures, elle fut dans

1. Le duc de Chartres, qui servait dans l'armée piémontaise, prit part à toute la campagne d'Italie.

toutes les mains; Paris l'avait lue, et l'édition était épuisée quand la police arriva pour la saisir. La *Lettre sur l'Histoire de France* est un chef-d'œuvre de colère contenue; jamais leçon n'avait été donnée avec une hauteur plus dédaigneuse, et, dans un temps où l'allusion, fort cultivée dans la presse, était portée ici même à une rare perfection, on jugeait qu'avec plus de liberté que nos meilleurs polémistes, et non moins d'esprit, le duc d'Aumale avait écrit une brochure politique qui demeurerait un modèle du genre. Le lecteur français, privé depuis dix ans de la liberté de la presse, avait perdu l'habitude de la parole libre; il se sentit secoué par cette sonnerie de clairon, qui lui rappelait un nom jadis populaire.

Quel que fût le succès de ce coup de tête, qui avait réussi comme un coup d'éclat, le duc d'Aumale était résolu à ne pas le renouveler. Il n'entendait pas descendre dans l'arène de la polémique et tenait à demeurer historien. Les deux premiers volumes de sa grande histoire étaient enfin terminés et imprimés. La mise en vente allait être faite à Paris, quand il apprit que l'édition entière avait été saisie chez le brocheur et portée à la Préfecture de police. Contre cet acte arbitraire, les protestations se manifestèrent partout où on recommençait à élever la voix; une instance judiciaire fut intentée; de tous les barreaux de France affluèrent les adhésions; malgré l'autorité des jurisconsultes, l'éloquence de puissants orateurs, au premier rang desquels retentissait la voix de M. Dufaure, que l'Académie française allait appeler dans son sein, les juges se déclarèrent incompétents; repoussé au tribunal et à la cour d'appel, interrogeant en vain toutes les juridictions, l'auteur aurait pu publier les deux volumes en Angleterre : il s'y refusa; obstiné dans ses réclamations, le duc d'Aumale sentait quelque orgueil à se porter en France le champion du droit; il lutta pendant six années, jusqu'au jour où fut opérée la restitution, rendue nécessaire, non par un arrêt de justice, mais par la voix indépendante d'un jeune maître des requêtes proclamant en plein Conseil d'État qu'en une question de propriété les juges ordinaires étaient seuls compétents [1].

Le public s'aperçut avec stupéfaction que les deux volumes autour desquels on avait mené tant de bruit étaient de l'histoire la plus sévère. En face de ce livre, qui ne contenait pas une allusion au temps présent, la violation des lois, toujours odieuse, devenait presque ridicule. Il était clair qu'une seule ligne, qu'un seul mot était redouté : le nom de l'auteur. C'était pour le supprimer, pour essayer de le faire oublier que, pendant six années, les caves de la Préfecture de police avaient gardé quelques milliers de feuilles à demi brochées. Ce n'était pas le moyen de le faire sortir des mémoires.

Dans une noble race, et chez un grand

1. Conclusions données par M. Aucoc, Commissaire du gouvernement près la Section du Contentieux, le 9 mai 1867.

esprit, l'étude du passé rattache à l'avenir.
En écrivant l'histoire des anciens Condé, le
duc d'Aumale pensait sans cesse à celui qui
en devait relever le nom. Il aurait voulu lui
donner ce qu'il devait à son père : une éducation libérale et française. Il ne put trouver,
à l'étranger, de collège qui le satisfît. Il
chercha en Suisse, « le seul pays où il eût
le désir de placer son fils », des cours litté-
raires et militaires assez voisins du mouvement français pour que le jeune prince, déjà
âgé de seize ans, demeurât en communion
d'idées avec son pays. A Lausanne, il suivit
les cours de l'Académie pendant que des
officiers supérieurs de l'armée helvétique
étaient chargés de son instruction militaire.
Au printemps de 1863, le duc d'Aumale vint
à Lausanne passer l'inspection de l'élève; il
y demeura quelque temps, et aussi bien pour
remercier les deux colonels et les professeurs
que pour l'instruction de son fils, il eut l'idée
de les réunir pour leur exposer, en quelques
leçons, l'histoire de l'Algérie depuis la con-

quête. Le résumé était précis et brillant; il n'y manquait, si l'on en croit les notes du cours conservées par le professeur, que le rôle, effacé à dessein, du vainqueur de la Smalah. Le duc d'Aumale n'était un fidèle historien que pour les autres. Nul ne savait moins se vanter que celui qui, dans ses lettres de jeunesse, aimait à s'appeler un « Cadet de Gascogne ».

De toutes les leçons militaires, il estimait que les voyages étaient les plus efficaces. Ce n'est pas en vain que le langage et le bon sens font du coup d'œil la première qualité d'un chef d'armée. Le duc d'Aumale avait le don fort rare de bien voir et de tout voir. Dès son arrivée en Afrique, ses descriptions de paysages sont des modèles. Sans effort et comme par un attrait naturel de son esprit, il peint à la fois en paysagiste et en stratégiste; il saisit les couleurs, marque leurs effets, et en même temps, note les hauteurs d'où l'on domine, les pentes qui y accèdent, les plaines que peut balayer la cavalerie, le cours d'eau qui l'arrêtera, les positions faibles et les positions fortes. Son regard y était tellement accoutumé qu'il ne peut s'en défendre même en Angleterre ; dans une description de chasse dans les highlands d'Écosse, se retrouve tout d'un coup la pensée du tacticien.

Aussi ses courses en Europe l'avaient-elles toujours ramené vers les champs de bataille. Il avait suivi pas à pas le Grand Condé dans ses campagnes. Ne pouvant franchir la frontière, il l'avait côtoyée, étudiant en Piémont les campagnes de Bonaparte, remontant vers la Suisse, passant de Marengo à Fribourg, ne dérobant à ses grands capitaines que de rares journées ; s'il monte parfois vers des sommets trop élevés pour que des armées les aient franchis, c'est pour apercevoir la France, pour reconnaître à l'horizon le clocher de Strasbourg, c'est pour aspirer l'air qui vient des plaines de Franche-Comté, de Bourgogne ou d'Alsace ; mais il ne veut pas que les amertumes le détournent de ses enquêtes :

il n'est pas venu là pour penser à l'exil; dans le cadre immobile d'une nature en silence, son imagination fait revivre, au milieu des fumées de la poudre, un des drames militaires qui ont réglé le sort d'une nation et disposé de sa fortune.

Ainsi, chaque voyage avec le prince de Condé est un pèlerinage vers l'une de nos gloires nationales. En se rendant en Orient, il se détourne entre Maestricht et Mayence pour aller voir Tolbiac. L'Allemagne lui offre les campagnes de Napoléon. Au retour des manœuvres fédérales qui ont retenu son fils au camp de Thun et où il a eu la joie de retrouver le bivouac, il passe par Schaffouse et se rend au momument de Turenne : sur place, il évoque le passé, il relit tous les récits des contemporains; il assiste à la mort du maréchal; sa pensée ne s'en détache que pour suivre la campagne de Moreau en 1797 et, le soir, tout enflammé de ses souvenirs, il écrit une lettre où déborde son enthousiasme militaire.

Après ces courses rapides sur le continent, il reprenait, tout chargé de souvenirs, le chemin de sa maison d'exil. « J'ai fait, écrivait-il, (du dehors, hélas!) le tour de la terre promise. La nostalgie me dévore[1]. » En rentrant en Angleterre, il se sentait de plus en plus triste. Des vides cruels s'étaient faits dans cette famille dont il était si fier. Celle qui en était le centre, sa mère, le respect de sa vie, avait disparu. Le fils, sur lequel il portait ses ambitions, dont il s'était séparé avec déchirement pour un voyage autour du monde, mourait loin de lui en arrivant à Sydney, et la duchesse d'Aumale, frappée au cœur, ne tardait pas à décliner et à suivre le prince de Condé. Son cœur était brisé; son âme le soutenait. Il sentait ces deuils avec le cœur le plus tendre, mais il luttait pour ne montrer au dehors qu'une âme de soldat. Il a le courage de rouvrir les Commentaires de César pour les expliquer au duc de Guise, le seul survivant de huit enfants. Il reprend,

1. Lettre à M. Cuvillier-Fleury, 25 août 1869.

avec toutes ses espérances brisées, une nouvelle éducation; mais il ne veut pas paraître
abattu; il saura, à force d'activité, se rendre
maître du chagrin qui le ronge. Le mouvement de sa vie, au lieu de se ralentir, s'accélère. Aux chasses qu'il suit à cheval, pendant des journées entières, et qui sont un
besoin de sa santé, il joint une correspondance régulière, s'occupe en détail de l'administration de ses biens, ne demeure indifférent aux ventes de tableaux ni en France, ni
en Allemagne, ni en Angleterre; les acquisitions de livres et d'objets d'art remplissent
de longues lettres. Ce n'est plus une mission, c'est un ministère, écrivait M. Cuvillier-Fleury, en parlant de l'achat des livres,
et il n'était pas seul à recevoir les ordres
d'un bibliophile aussi délicat qu'insatiable.
Le duc d'Aumale ouvrait sa porte à tous les
visiteurs; son accueil les charmait, et sous ce
tourbillon de vie animée qui semblait le
bonheur, les plus intimes pouvaient seuls
mesurer sa tristesse.

Les événements qui se pressaient en Europe n'étaient pas faits pour la diminuer. L'Angleterre est un observatoire d'où le regard voit s'amonceler les nuages et se préparer les tempêtes. La crise de 1870 était prévue et annoncée à Londres par tous les politiques, alors qu'en France l'opinion publique tenait les rares clairvoyants pour des prophètes de malheur. Dès 1866, le duc d'Aumale voyait la guerre inévitable; il se rendait sur les marches d'Autriche pour étudier le champ de bataille de Sadowa, il se faisait rendre compte des armements, ne pensait qu'à la lutte prochaine, écrivait sur les *Institutions militaires de la France* un livre dans lequel les noms de Louvois, de Carnot et de Gouvion-Saint-Cyr étaient une évocation de l'histoire destinée à stimuler les contemporains. Il multipliait dans ses lettres les avertissements, et plus d'une fois il sentait, à la surprise de ses correspondants, qu'il leur paraissait repris de sa vieille fièvre de chauvinisme; il n'était pas disposé à s'en guérir. Qui sait combien de fois il lui arriva de jeter un livre ouvert pour déplier une carte du Rhin et se plonger dans des combinaisons qui étaient moins des souvenirs que des espérances?

L'heure de la lutte suprême sonna et il ne lui fut pas permis d'y prendre part. Il souffrit bien autrement que du temps de la Crimée ou de la Lombardie. Les revers se multipliaient; la frontière était franchie : c'était une nouvelle campagne de France. Le 9 août, il offrit son épée; il réclama le droit de combattre à l'heure où on appelait tous les Français à repousser l'invasion. Un refus inexorable le cloua à Bruxelles. Il y partagea toutes nos douleurs. Qui lui aurait dit pendant ses vingt-deux ans d'exil que la révolution qui y mettrait un terme ne lui arracherait pas un cri de joie, tant seraient cruelles les souffrances, qui, ce jour-là, déchireraient son âme de Français!

L'ennemi s'avançait. Comment ne serait-il pas là pour défendre la ligne des Vosges?

Son père n'était-il pas en 1792 aux premiers rangs des armées de la République? Lui refuserait-on une place, alors qu'on accueillait tous les volontaires, sans distinction d'origine ou de nation? Il n'envoya pas de lettre; il la porta lui-même, volant vers Paris. La raison d'État se dressa devant lui, implacable; elle fit appel à son patriotisme et lui demanda de se sacrifier à l'union. Il s'inclina désespéré et rentra dans sa triste demeure, devenue plus que jamais une prison.

Les semaines se succèdent; les heures passent lourdes sur son esprit; il vit au milieu d'une agitation que rien ne calme, ne pensant qu'aux nouvelles de France, au siège de Paris, aux mouvements des armées créées pour la défense nationale. Il multiplie les tentatives. Gambetta, qu'il avait reçu à Twickenham peu d'années auparavant, refuse comme les autres. Il ne peut pas, ainsi qu'un jeune homme, passer inaperçu, cacher, comme un des siens, son nom sous le nom d'un ancêtre, et avoir l'honneur de se battre dans les rangs des mobiles [1]. Tous ses efforts sont stériles; toutes ses combinaisons échouent.

Enfin la guerre est terminée. Ce sont les électeurs de l'Oise qui mettent un terme à la torture, en envoyant à l'Assemblée Nationale le propriétaire de Chantilly. Le 13 février, il apprend son élection; le 15, il débarque à Saint-Malo, avec son frère, le prince de Joinville, élu à Cherbourg et dans la Haute-Marne; va-t-il aller jusqu'à Bordeaux? Si la guerre étrangère est terminée, les partis politiques sont là, faisant le dénombrement de leurs troupes pour la lutte ajournée, mais qui paraît inévitable. Vous savez comment un homme d'État qui vous a appartenu relevait alors du champ de défaite la grande blessée, quels étaient ses efforts d'apaisement, son appel à tous les

---

1. Le duc de Chartres, enrôlé dans les mobiles de la Seine-Inférieure, n'était connu que sous le nom de son aïeul Robert le Fort.

partis pour oublier l'esprit de parti. Les princes s'associèrent sans réserve à cette politique patriotique. Pas plus en France que du fond de l'exil, ils n'étaient prêts à entrer dans des intrigues. Jouer un rôle politique, réunir et multiplier ses amis, leur donner l'impulsion, n'offrait au duc d'Aumale aucun attrait; il avait trop présentes à l'esprit les crises de la Fronde pour tolérer quelque chose de semblable. Lui, si prompt à diriger une action militaire, doué du coup d'œil, et sachant se décider, ressentait une profonde répugnance pour la stratégie politique. Il estimait très haut la discussion des idées dans les chambres; il voyait dans les débats parlementaires la garantie des libertés publiques; il les voulait en pleine lumière et en pleine loyauté, sans réticences; mais autant il respectait la tribune, autant il méprisait les couloirs.

Il avait deux passions : l'intelligence et la discipline. Les discussions d'un pays libre plaisaient à son intelligence. Les tiraillements des hommes politiques auxquels ne pouvait mettre un terme un ordre de marche blessaient son esprit de discipline. Il aimait le droit comme un vieux jurisconsulte, parce qu'il y voyait la garantie de la liberté, la discipline des lois.

L'abrogation des lois d'exil, votée par les représentants de la France, lui rendait légalement sa patrie. Il rentrait désormais la tête haute à Chantilly, qu'il avait pu conserver, grâce à une vente simulée. Il allait achever sur place l'étude des projets qu'il avait conçus en exil, reconstruire enfin le château qu'il avait rêvé. Il ne cachait pas sa hâte; parmi ses amis, ses collègues de l'Assemblée, plus d'un s'effrayait de si grandes décisions prises avant que le sol fût raffermi. Pour toute réponse, il pressait le retour de ses tableaux d'Angleterre et montrait aux plus timides sa merveilleuse galerie déposée dans la salle du Jeu de Paume en attendant que l'œuvre de M. Daumet fût achevée. Livres, objets d'art, souvenirs de famille, tout ce qu'il aimait, il entendait, dès lors, le confier à la France. Il était convaincu qu'on appelait la foudre en semblant la redouter. Il était résolu à créer un établissement qui défiât les révolutions.

Il jouissait de retrouver le sol natal, mais bien plus encore de se sentir au milieu des Français. Certes, les esprits d'élite traversaient la Manche pour aller jusqu'à lui ; mais que d'hommes distingués ne pouvaient venir ! aussi avec quelle satisfaction attirait-il à Paris, autour de lui, les littérateurs et les artistes, les érudits et les poètes ! De leur part, il n'y eut ni hésitation, ni froideur : ils sentaient tous qu'il y avait en lui un lettré de la meilleure trempe, et le plus fin des amateurs. Le duc d'Aumale leur appartenait ; ses écrits avaient fait trop de bruit ; son style faisait trop d'honneur à notre langue pour que l'Académie française ne fût pas la première à lui ouvrir ses rangs. En l'attirant, elle lui faisait sentir qu'il rentrait parmi les siens. L'année 1871 ne s'acheva pas sans

4.

qu'à la presque unanimité, la succession du
comte de Montalembert lui eût été dévolue.
Par une délicate attention, c'est à M. Cuvillier-Fleury, choisi pour directeur, qu'échut
la mission de recevoir son élève. Qui ne se
souvient ici de cette séance de réception,
l'une des fêtes de l'Institut, où le récipien-
daire, ayant à ses côtés, pour parrains, deux
anciens ministres de son père, le président
de la République et M. Guizot, se levait pour
raconter la vie de son prédécesseur avec un
éclat qui charmait l'assistance? Du début à
la fin, régnait dans ce discours un entrain
martial qui emportait les auditeurs; la salle
de l'Institut entendait un homme de guerre
parler la langue de nos meilleurs écrivains; 
le costume lui-même, notre sévère costume,
était modifié, et ceux qui ne laissaient
échapper aucun détail signalaient l'épée de
général retenue par la dragonne d'ordonnance.

Il y a, dans les heures les plus troublées,
des instants de calme où l'esprit se repose.

Qui aurait pu croire, au milieu de cette séance qui présentait l'image de la réconciliation et de la paix, que quelques mois auparavant, en face de tentatives faites pour imposer à la France le drapeau blanc, les esprits étaient à ce point divisés que le duc d'Aumale, en adressant, du haut de la tribune, une invocation au drapeau chéri sous lequel il avait combattu, s'était trouvé accomplir un acte de rare courage [1]? Qui aurait prévu que peu de jours après, le vainqueur de la Commune, l'homme d'État le plus haï des révolutionnaires allait être renversé? Mais ne réveillons pas les discordes civiles. Celui dont nous parlons en avait horreur. Il sut le montrer en des termes qui ne s'oublient pas.

Il semblait que la guerre nous eût abreuvés de toutes les amertumes en nous laissant la défaite et la guerre civile. Nous n'étions pas au terme de nos souffrances. De nos

1. Discours du 28 mai 1872.

deux armées de vieilles troupes, la dernière debout, et non la moins vaillante, avait été paralysée, en août et septembre 1870, par une volonté mystérieuse : le mot de trahison était prononcé. Ceux qui savent les injustices d'un peuple vaincu persistaient à douter; mais les preuves s'amoncelaient, l'accusation devenait terrible. Un conseil de guerre fut assemblé et le général auquel on n'avait pas permis de se battre, reçut l'ordre de juger. On le pressait de se récuser : le duc d'Aumale avait au plus haut degré le respect de la justice : il obéit et présida. Ceux qui ont assisté au débat, dans la salle de Trianon, n'ont pu oublier cette longue enquête militaire, conduite avec autant de science que d'autorité. Le président avait tout étudié en soldat et en historien : un seul document lui manquait : il aurait voulu, suivant sa coutume, voir le terrain, comprendre sur place les mouvements de notre admirable armée de Metz. Les possesseurs du champ de bataille de Gravelotte et de

Saint-Privat lui en avaient interdit l'approche. Le souvenir et comme l'image de nos provinces conquises faisait de ce procès un drame terrible, qui pesait sur les esprits comme une obsession et sur les consciences comme un remords. Ils étaient là, tous ceux qui s'étaient battus, qui avaient été blessés ou qui avaient souffert une longue captivité, tous ceux qui, le cœur brisé, avaient déchiré ou brûlé leurs drapeaux pour éviter qu'ils servissent à jamais de trophées. En face de ces martyrs du patriotisme, on entendait pour toute défense un effort continuel pour obscurcir le devoir en y mêlant les combinaisons politiques. « L'empire était détruit, disait l'accusé, il n'y avait plus de Sénat, plus de Corps législatif, plus de gouvernement, il n'existait plus rien ! » « La France existait toujours ! » reprit le Président. Tout le procès était dans ce seul mot. Aux intrigues de Metz, avait répondu le cri de la patrie mutilée !

Le devoir achevé jusqu'au bout, dans sa

sévérité, aussi bien que dans sa clémence, le duc d'Aumale reçut la mission d'aller commander un corps d'armée; ce n'était pas seulement, à cette époque, une réorganisation qui était confiée à celui qui, à la tribune, au cours de la discussion militaire, avait fait sentir à tous sa compétence, c'était sur le point le plus menacé, à la frontière ouverte, de Belfort à Besançon, qu'il s'agissait de garder nos avant-postes, en préparant une armée de première ligne. La tâche était considérable. C'était la seule qui lui convînt. Il la prit au sérieux, comme tout ce qu'il faisait, et s'y appliqua passionnément. Vingt-cinq ans sans commandement n'avaient ni refroidi ses goûts, ni troublé ses notions les plus précises : il avait suivi les moindres changements : il était au courant de tout. Entrant dans les plus minutieux détails, comme à Constantine ou à Alger, il réorganisait son corps d'armée, régiment par régiment, multipliant les revues, les inspections, examinant de près les hommes, songeant au matériel, armant Belfort, et visitant la frontière pour la rendre inattaquable.

Pendant six années, il s'absorba dans cette œuvre de reconstitution : il avait épuisé toutes les douleurs; la mort du duc de Guise avait « éteint la dernière flamme de son foyer domestique [1] ».

Chantilly occupait de plus en plus sa pensée. Les projets qu'il avait depuis si longtemps étudiés s'étaient exécutés. Pour la foule inattentive et mal informée, il reconstruisait le vieux château. Ceux qui avaient vu les dessins de l'ancienne demeure des Condé, telle que la Révolution l'avait trouvée et détruite, ne regrettaient rien du passé, en voyant s'élever un superbe édifice du style le plus pur; aux lignes précises de la renaissance française, une heureuse collaboration de l'architecte et du prince avait ajouté les dispositions les plus imprévues. Quand on

1. Né le 5 janvier 1854, mort le 25 juillet 1872, le duc de Guise était élève du lycée Condorcet où un prix qui porte son nom a été fondé par son père.

débouchait de la forêt, les écuries du duc de Bourbon, grandioses et disproportionnées, n'attiraient plus seules le regard, et dans le fond, sur le vieux rocher qui avait servi de défense au moyen âge, qui était devenu la retraite des Montmorency et qu'avait illustré la vieillesse du Grand Condé, l'œil dominait un mélange de bâtiments, de tours et de flèches qui dépassait toute attente. Que dire de l'intérieur? vous avez vu cet escalier, chef-d'œuvre d'un de vos confrères, le musée et ses trésors, la galerie d'Écouen, la galerie des batailles, et la bibliothèque. Vous avez tous parcouru ces salles. Et avec quel guide? Quels souvenirs ne laissait pas chacune de ses réflexions, de ses anecdotes, de tout ce que mêlait dans sa pensée le respect de l'art et de l'histoire! Il n'y a pas de création qui ne rende l'esprit qui l'a inspirée. Le constructeur d'un château se peint dans son œuvre. Quand il ouvrit Chantilly, qui n'en fut frappé? Le duc d'Aumale était là tout entier, avec tous ses goûts d'artiste et de

lettré, avec toutes ses passions militaires.
Il avait en lui le sentiment inné du beau.
Dans ce musée dont il était l'âme, parmi
les merveilles qu'il s'était plu à réunir, sa
figure évoquait l'image de ces princes de
la Renaissance passant leur vie à rassem-
bler des chefs-d'œuvre pour les léguer à
leur patrie. La largeur de son jugement
était écrite sur les murs : des trophées de
Rocroy aux gloires de l'empire, tout était
représenté. Il ne voulut pas bannir un seul
temps de nos annales quand il pouvait y
trouver une idée généreuse, un dévouement, un sacrifice. Lui qui n'avait rien
d'un émigré, ne voila aucun des souvenirs
de l'armée de Condé. Il avait fait sa place
au génie de tous les temps. Raphaël et
Téniers, Ingres et Meissonier, Scheffer et
Delaroche, Molière et Bonaparte étaient
réunis non loin de la Jeanne d'Arc de
Chapu et de la Psyché de Baudry. L'arran-
gement de ce musée était un modèle; aucun
encombrement, tout à son jour et à sa place,

et nul visiteur ne sentait de fatigue quand il était ramené vers la bibliothèque.

Dans la galerie des livres, tout était fait pour le travail et pour la pensée : au milieu, de longues tables attendaient les estampes ou le déploiement des cartes. Tout autour, des vitrines renfermaient les exemplaires les plus rares, depuis les incunables jusqu'aux premières éditions des maîtres de tous les temps. Cette collection ne ressemblait en rien à celles que forme un acheteur riche, en quête du plus intelligent des luxes; comme les bibliophiles de première marque et plus qu'aucun d'eux, il connaissait tous ses livres, il les aimait, il savait leur place aussi bien dans ses rayons que dans la littérature de leur siècle. Les anecdotes qui avaient enchanté le promeneur dans la galerie de tableaux, il ne les prodiguait pas en face de ses livres; mais qu'un véritable amateur, qu'un de ses collègues de la Société des Bibliophiles, qu'un lettré vînt le visiter, les vitrines soigneusement fermées s'ouvraient, la conversation changeait de tour, et apparaissait l'érudit le plus précis, très informé et très interrogateur.

Là s'arrêtaient les visiteurs. Mais, dans ce château, combien d'autres merveilles! Dans les parties basses, à l'abri d'épaisses murailles, fermées par des portes de fer, étaient gardées les archives des Condé. Rassemblées en un vaste amas avant la Révolution, confisquées puis rendues, elles avaient été mises en ordre, classées et reliées par ses soins. Sur le xvi$^e$ et le xvii$^e$ siècle, elles contenaient des trésors. Des mémoires précieux, des papiers de toutes sortes, depuis les ordres de bataille du Grand Condé, et surtout une suite de correspondances incomparables, tout était fait pour tenter un écrivain. Dans sa jeunesse dépensée en Afrique, il n'avait pas eu le temps de les voir. Quand elles lui parvinrent en Angleterre, il sentit qu'elles lui apportaient la seule consolation de l'exil. Il en fit une étude attentive, s'appliqua à réunir dans sa bibliothèque tous les

imprimés qui pouvaient l'éclairer, fit copier
dans les archives de France et d'Autriche,
au dépôt de la Guerre, aux Affaires étran-
gères, tout ce qui lui permettait de combler
les lacunes, et ne crut pouvoir écrire l'histoire des princes de Condé qu'après avoir
achevé cette enquête. Ses recherches avaient
été considérables. Avec un esprit très large
et aimant à voir haut, il avait, ce qui est le
premier mérite d'un historien, une conscience
minutieuse : il voulait tout savoir et tout
approfondir. La crainte de n'avoir pas tout
vérifié, qui est la préoccupation constante de
l'écrivain, devient, loin de la patrie, une
angoisse et un supplice. Les documents sans
prix qu'il possédait n'étaient à ses yeux
qu'une partie de la vérité; il voulait la connaître sans réserve ; pour y parvenir, aucun
effort ne lui coûtait. Qu'il eût à parler des
campagnes de César ou de celles des Bour-
bons, qu'il traitât de l'origine des zouaves
ou des réformes de Gouvion Saint-Cyr, la
méthode était la même. Le lecteur ne voit

que le chapitre écrit avec verve, il ne sait pas avec quelle patience les moindres faits, les dates, les lieux, les personnages ont été étudiés. Si les recherches étaient laborieuses, la composition est très simple. L'ordonnance sort du sujet; elle est si bien enchaînée qu'on n'aperçoit pas l'art, et l'on est tenté de croire que le récit ne pouvait être autrement mené.

Dans les tableaux de bataille, le style prend une merveilleuse allure. Tout s'y trouve : ceux qui s'effrayent le plus des détails stratégiques sont charmés par l'éclat des peintures et emportés par l'action, et la sobriété est telle qu'on demeure frappé des effets produits en si peu de mots. Son style a parfois l'originalité des écrivains du xvi° siècle et presque toujours la concision de ceux du xvii°. Qu'on lise la bataille de Rocroy ou les combats du faubourg Saint-Antoine, qui demeurent des morceaux achevés, on n'y trouvera pas une phrase à effet, ni un mot à retrancher. Tout est utile; tout est mis à sa place et tout est simple.

L'auteur (qui ne le sait?) aimait à raconter; sa mémoire était pleine d'anecdotes, il ne s'en permet pas une, par respect de l'histoire : il se maintient à une élévation d'où rien ne lui échappe; il fait deviner ce qu'il sait; on sent qu'il voit tout, que ses jugements sont appuyés, mais que volontairement il les résume.

Il est sans exemple qu'un historien connaissant à ce point les biographies ne se laisse point aller à les mêler au récit. Dans sa marche sévère et rapide, l'auteur des Condé n'admet ni digressions ni entraves. Le texte fait comprendre le dessein des généraux, le mouvement des armées, l'action des politiques, et mène droit au but.

A cette part supérieure de l'histoire qui est le récit et le jugement, le duc d'Aumale a voulu ajouter la vie; il connaissait chaque personnage comme s'il avait été leur contemporain, sachant en perfection leur visage, leur port, leurs défauts physiques, les traits qui les distinguaient aussi bien que leurs goûts, leurs vertus et leurs vices. Il a voulu les présenter au lecteur. Ses notes sont un modèle de brièveté et elles font tout entendre.

Aussi bien informé que s'il avait vécu parmi les compagnons de Condé, concevant la guerre en soldat, la reconstituant en écrivain, il raconte cette longue suite de guerres en portant sur chaque action des jugements qui resteront les arrêts de l'histoire; c'en est assez pour mettre cette œuvre au premier rang.

Il y travailla peu pendant les années actives de son commandement. Sa charge l'absorbait. Lorsque, en 1879, il eut été nommé Inspecteur général d'armée, il revint habiter plus longuement Chantilly et se remit au travail. Il profitait de ses voyages pour aller revoir Rocroy, pour visiter Thionville, suivant pas à pas le Grand Condé, mais ne résistant pas au désir d'entrer à Metz, assailli de souvenirs autrement récents, parcourant des champs de bataille où s'était déployée une valeur impuissante, et sentant, au contact de ces douleurs, l'impérieux besoin de revenir à l'étude des gloires passées. Il écrivait au retour le siège de Thionville et cherchait à oublier le présent.

Le spectacle de la politique le navrait. Une école s'était formée qui n'avait pas craint de soutenir que les maux de la démocratie ne pouvaient être guéris que par la popularité d'un soldat de fortune. Il tenait ces maximes pour des sophismes à l'usage d'ambitieux subalternes. Cet historien, qui avait vécu au xvie et au xviie siècle, détestait l'esprit de faction, qu'il fût au service des passions populaires ou des charlatans qui les exploitent. Il n'était pas de la race des aventuriers.

Lui qui vivait dans la retraite, au milieu des archives et des livres, aussi éloigné des rébellions que des intrigues, regardant parfois son épée et se demandant quand elle servirait pour ramener sous nos drapeaux la victoire, apprit un jour qu'il était rayé des cadres de l'armée. Trois ans auparavant, il avait été mis en non-activité. C'en était trop. Lui arracher son grade, c'était lui enlever la moitié de son nom. Aucune autorité n'en avait le pouvoir. Cette fois encore il résisterait au nom du droit : en dépit de l'arbitraire, il était et il resterait le général Henri d'Orléans. Cette fière réponse fut tenue pour un défi. L'exil en fut la peine [1].

Ainsi se rouvrait pour lui, inopinément, la route de l'étranger. L'injustice devait remplir son cœur d'amertume ; mais il ne s'en prenait pas à sa patrie ; il l'aimait trop. Entre elle et lui, il aurait voulu établir un lien que la passion des hommes eût été impuissante à briser. S'éloigner, sans rien laisser derrière lui que des souvenirs qui s'effaceraient et des épaves que disperserait le temps, n'était-ce pas la sortie banale de tout prétendant éconduit ? Il aimait à le répéter : « Nous ne sommes pas de ceux qui émigrent! » Il cherchait comment il pourrait

1. 13 juillet 1886.

5.

montrer que l'injustice des hommes n'altérait pas ce qu'il avait au cœur pour son pays. Pourquoi ne réaliserait-il pas à l'heure même le grand dessein qu'il avait tenu secret? Dans le wagon qui l'emportait, avant de franchir la frontière, sa résolution fut prise. Ce qu'il avait créé, les collections qu'il avait faites, Chantilly, avec son histoire, son passé et ses trésors, il le donnerait à ce qu'il aimait le plus au monde, à la France, qu'il aurait voulu servir de son sang et de sa vie.

Qui n'a souvenir de cette lettre où, s'adressant à de fidèles amis [1], il leur faisait connaître le testament de 1884, par lequel il léguait Chantilly à l'Institut de France, et leur donnait pouvoir de faire, en son nom, une donation définitive? Le projet était arrêté depuis deux ans. Il n'y avait de nouveau que le caractère irrévocable de la libéralité. C'est ainsi qu'il lui convenait de répondre à la sentence d'exil!

1. Lettre adressée le 29 août 1886 à MM. Édouard Bocher, Edmond Rousse et Denormandie.

Partout où battait un cœur capable de sentir ce qui est noble, l'émotion fut profonde. Dans un temps où les pessimistes ne voient que corruptions et petitesses, s'accomplissait un acte dont nul ne pouvait contester la grandeur. Le père avait donné Versailles à la France; le fils lui consacrait Chantilly. Vous étiez fiers, Messieurs, d'avoir été choisis pour exécuteurs d'une si haute mission.

En abordant le sol anglais, le proscrit sentait ses douleurs devenir plus poignantes. « Il me semble, disait-il à un ami, que je rentre dans ma cage. » Il décida qu'il partagerait sa vie entre Londres, Bruxelles et le domaine de chasse où il trouverait l'exercice physique dont il avait besoin. Ses livres et ses tableaux étaient ses amis des bons et des mauvais jours. Il y transporterait ses chefs-d'œuvre et une partie des archives, et là, de nouveau, au milieu de ses travaux continués, comme pendant le premier exil, il attendrait.

Les visites étaient plus nombreuses que

jadis. Le duc d'Aumale avait tenu trop de place, son absence laissait trop de vide, pour qu'il ne fût pas entouré de ceux qu'il avait reçus en France. Ses confrères de l'Académie française et de l'Académie des Beaux-Arts faisaient des démarches pour obtenir son rappel; ils ne perdaient pas une occasion de montrer quel Français on avait banni. On promettait de le faire rentrer; mais les mois s'écoulaient; plus de deux années étaient déjà passées depuis son départ. « On ne cherchait plus, disait-on, qu'un prétexte. »

Vous vous souvenez, Messieurs, que vous eûtes l'honneur de le donner. Une vacance s'étant produite dans la section d'histoire de notre Académie, nous n'hésitâmes pas à penser que nous devions ouvrir nos rangs à l'historien des Condé. Le secrétaire perpétuel, qui nous représentait avec une si haute autorité, renouvela les efforts qu'il n'avait cessé de faire en annonçant officieusement au gouvernement les intentions prochaines de l'Académie. C'était une mise en demeure;

sous une forme parfaitement correcte, le gouvernement fut informé qu'il aurait à approuver avant peu l'élection d'un proscrit. Il n'hésita plus à rapporter le décret d'exil[1].

Quelques jours après sa rentrée à Chantilly, le duc d'Aumale était élu, sans compétiteur, à la place laissée vacante par notre confrère, M. Rosseeuw Saint-Hilaire[2]. Il fut reçu dans les trois Académies avec des manifestations qui le touchèrent vivement. La ville de Chantilly·lui fit fête. En peu de mois, il reprit possession de la vie qu'il aimait; les tableaux et les livres retrouvèrent à Chantilly la place qu'ils ne devaient plus quitter. Il fit de nouvelles acquisitions, c'est-à-dire de nouveaux dons, achétant les *Cuirassiers*, de Meissonier, dont il aimait tant à faire apprécier l'attitude martiale, courant à Londres, où il se plaisait quand il y allait librement, pour voir les dessins du xvi° siècle qu'offrait de lui vendre lord Car-

1. 6 mars 1889.
2. 30 mars 1889.

lyle, et qui faisaient entrer dans les galeries
l'image de tous les contemporains du Con-
nétable, puis il rentrait afin de recevoir à
Chantilly toute notre compagnie, au-devant
de laquelle, vous vous en souvenez, il vint à
cheval jusqu'au milieu de la pelouse, repar-
tant, entre deux séances de l'Institut, pour
Arras, où il allait étudier sur le terrain la
retraite de 1654, puis nous lisant, dans les
six mois de son élection, avec la ponctualité
qu'il mettait à toutes choses, une notice aussi
ferme que brillante sur M. Rosseeuv Saint-
Hilaire. Cette lecture eut un grand succès.

Il se plaisait parmi vous. Il aimait à
retrouver, dans la section d'histoire et à
l'Académie, son ancien maître. La belle tête
de M. Duruy prenait une expression de ten-
dresse respectueuse lorsqu'entrait son brillant élève de 1837; les souvenirs du lycée
Henri IV et de Neuilly les rajeunissaient
l'un et l'autre. Avant et après la séance, on
se groupait autour d'eux pour les écouter;
nul ne se plaignait qu'ils fussent intaris-

sables. Les lectures commencées, il n'y avait pas d'auditeur plus silencieux ni plus attentif. Il aimait le travail de la pensée et le respectait. Il s'intéressait à tout. On était surpris de l'entendre, longtemps après, citer un mémoire sur le droit ou un rapport sur la philosophie qui l'avait frappé.

Sa vie très ordonnée lui permettait de réserver beaucoup de temps au travail. Les derniers volumes consacrés à la vie du Grand Condé furent rédigés en six ans, de 1888 à 1894. Il lisait avec méthode les manuscrits, prenait des notes qui se gravaient dans son étonnante mémoire, dormait peu, méditait longuement et dictait un chapitre comme s'il l'avait préparé et appris par cœur. Sans négliger aucune des actions du héros, il le montre avec une prédilection marquée dans sa retraite de Chantilly, appelant autour de lui Racine et Boileau, La Fontaine et La Bruyère, se plaisant aux entretiens de Bossuet, invitant Malebranche et Fénelon, recevant tous les hommes de

guerre se rendant à l'armée ; l'Europe
entière y passait ; les étrangers y affluaient ;
aimant fort le théâtre, il avait distingué
Molière, l'appelait avec sa troupe, l'y rete-
nait, et se portait, aux heures critiques,
son défenseur. Le duc d'Aumale aimait à
retrouver dans cette antique demeure les
traditions d'une grande âme ouverte à toutes
les manifestations de l'esprit. « Les anciens
adversaires, écrit-il, s'y mêlent aux vieux
amis, les huguenots y coudoient les catho-
liques, les cartésiens conversent avec les
esprits forts, chacun respirant à l'aise l'air
libre de cette maison hospitalière [1]. »

Il traçait ainsi le tableau d'un autre temps.
Chantilly avait retrouvé ses grands jours.
Ce n'étaient plus les renommées du siècle de
Louis XIV ; mais tous les hommes distingués que compte un temps moins fertile
en génies étaient reçus comme des hôtes
attendus ; parmi les souvenirs d'un passé

1. *Hist. des Princes de Condé*, t. VII, p. 694.

glorieux, les jeunes intelligences qui devaient perpétuer les traditions de l'art et de la littérature, rencontraient l'ancienne France.

C'est là qu'au milieu d'un cercle, celui qui avait su réunir les livres et les écrivains, les tableaux et les artistes, les objets et les hommes, accueillait tout ce qui avait un nom, tout ce qui semblait attirer les premiers rayons de la renommée; il leur parlait avec tant de mouvement et d'esprit, leur montrait ses collections avec une telle variété de souvenirs, ses entretiens sur le passé qu'il respectait et sur le présent qu'il comprenait étaient si brillants, que ses auditeurs, entraînés, repartaient sous le charme. Combien d'entre eux, séparés par tout ce qui divise, hélas! nos contemporains, étaient tout surpris, en revenant à Paris, d'avoir été mis d'accord et comme unis par l'expression d'un sentiment de commune admiration!

En l'entendant, ses amis se hasardaient

parfois à lui demander de rédiger ses mémoires. Ceux qui eurent cette hardiesse ne revinrent pas à la charge. Il les repoussait vivement. Sincèrement et simplement modeste, il n'avait jamais su se faire valoir.

Sa distraction préférée était la préparation du catalogue de ses collections. Il passait des heures entières à étudier une origine, rectifiant une attribution, identifiant telle écriture, et, suivant la présence des collaborateurs qu'il avait désignés, allant d'un tableau à une estampe, d'un bijou à un livre. Quant aux manuscrits, il s'en était réservé le soin : leur description avait été faite par lui, ou sous ses yeux; il l'avait achevée et avait écrit tout récemment l'introduction qui était destinée à la précéder. Il avait conçu tout un plan : les catalogues devaient former un monument, ce serait le Livre de Chantilly; il parlait d'écrire l'histoire du château, qui aurait rempli le premier volume.

Un autre projet occupait bien plus profondément son cœur. Plus il avançait dans la vie et plus il regardait en arrière, étudiant le règne et la vie de son père. Il était convaincu qu'après les brillantes esquisses qui avaient été tracées, le portrait du roi Louis-Philippe était à faire; cette époque déjà distante d'un demi-siècle est à peine sur le seuil de l'histoire, il méditait de l'y faire entrer; témoin respectueux dans sa jeunesse, il pensait qu'il était peut-être le dernier, le seul qui pût interroger les papiers de son père en donnant à sa physionomie le relief et la pureté que les calomnies politiques ont tenté de ternir. Le poète a raison : le prestige ne va pas aux monarques qui pardonnent. Ouvrez l'histoire, à chaque page : les bienfaits s'oublient, les châtiments terribles demeurent. Qui se souvient dans les provinces rhénanes des actes de clémence qui ont fait bénir le nom de Condé? Qui a oublié dans le Palatinat le nom de Turenne? Le duc d'Aumale voulait vouer ses derniers labeurs à publier les fragments de mémoires qu'avait laissés son père, à le montrer fidèle à ses convictions libérales, combattant dès sa jeunesse sous le drapeau tricolore, fier de le servir et de sauver, en 1830, sa patrie des réactions qui, sous la forme de l'anarchie ou du despotisme, auraient été, dit-huit ans plus tôt, également fatales à la liberté.

C'était l'ambition de ses derniers jours. Se sentait-il atteint? Avait-il reçu d'une indisposition soudaine une sorte d'avertissement? Sans rien changer à sa vie, il n'interrompait plus ses lectures; les papiers du roi ne le quittaient pas. Il prenait des notes, et l'ordonnance de son travail se formait peu à peu dans son esprit. En relisant les feuillets sur lesquels, chaque soir, le roi écrivait, comme un examen de conscience, les motifs qui lui avaient fait commuer une peine capitale ou les raisons qui avaient déterminé ses ministres à insister pour l'exécution, le duc d'Aumale sentit se dégager de ces pages une telle impression de respect, qu'il voulut détacher de son futur livre un chapitre. Il le lut à l'Académie française [1], et son émotion fut profonde en rendant hommage à ce roi philosophe qui avait laissé la France agrandie et respectée.

Son esprit était tellement rempli de ses lectures qu'après la séance du samedi 3 avril, la dernière à laquelle il ait assisté, il nous en parlait dans un groupe, mêlant les souvenirs de son père aux projets de son séjour en Sicile.

Il partait quelques jours plus tard, emportant précieusement les manuscrits du roi, se promettant de réserver au travail une partie de ses journées et de les disputer aux entraînements des courses à cheval, à cet attrait incomparable du printemps lorsqu'il éclate sous le feu du soleil de Palerme. Jamais il n'avait été plus heureux de ce voyage, se faisant une fête de recevoir une sœur bien-aimée, de lui montrer le ciel du Midi et de

1. Séance du 18 mars 1897.

la ramener à Chantilly, où la date de son retour était déjà fixée.

Les 5 et 6 mai, ce calme fut troublé par des nouvelles funèbres arrivant de Paris. Les dépêches se succédaient d'heure en heure, apportant de nouveaux deuils : c'étaient des amies d'ancienne date, des jeunes filles qui égayaient de leur jeunesse, trois semaines auparavant, la galerie de Chantilly, c'était enfin sa nièce qui avait péri au milieu des flammes ; les émotions furent cruelles ; il s'efforça de les cacher, mais elles avaient fait leur œuvre : le cœur était depuis longtemps atteint ; six mois auparavant, une première crise s'était déclarée, et il avait montré comment il recevrait la mort, en soldat et en chrétien ; au milieu de la nuit du 7 mai 1897, à la suite d'une syncope prolongée, le cœur cessa de battre.

Ainsi mourut le duc d'Aumale : il avait passé sa vie à désirer une mort glorieuse sur le champ de bataille. Jeune, il l'avait cherchée en Afrique; dans l'âge mûr, il l'avait souhaitée partout où combattait l'armée française; qui peut dire, lorsqu'il montait chaque jour à cheval, qu'aux approches même de la vieillesse, il ne l'ait pas rêvée encore sur d'autres champs de bataille, comme le suprême couronnement de sa vie? Il avait été écrivain, il avait aimé les arts, il n'avait eu de passion que pour l'armée, parce que de sa puissance pouvait renaître la grandeur de la France.

Le drapeau aux trois couleurs qu'il avait servi et aimé, ce drapeau qu'il avait hissé sur sa maison d'exil, qu'il faisait déployer en signe de fête sur le château de Chantilly, qui était le symbole de ses convictions les plus chères, enveloppa sa dépouille de Palerme à Paris. A cet illustre soldat, on fit de dignes funérailles. L'armée et l'Institut tout entier étaient là, à ses côtés, se tenant auprès du cercueil, sur les marches du temple.

Après les prières, on vit défiler les rangs

pressés des fantassins, les escadrons de cavalerie et les batteries de canons de l'armée de Paris. C'étaient les vraies obsèques d'un général d'armée.

Qui ne sentit à cette vue, aux accents des marches militaires, en se rappelant l'Algérie et la Smalah, payés par deux longs exils, Chantilly désormais silencieux, tant d'intelligence, de si beaux livres, un tel amour de son pays, qui ne sentit un frisson intérieur fait de regrets et de compassion? Il avait été un des esprits les plus rares de son temps. N'aurait-il pas dû être un des instruments de l'histoire pour la grandeur durable de notre patrie? S'il ne lui a pas été donné de remplir toute sa destinée, c'est à ses confrères, c'est à ceux qui l'ont connu et aimé qu'il appartient, comme un devoir suprême, de rendre hommage à ce vaillant homme de guerre qui, ne pouvant agrandir le territoire de la France, a tenu du moins à accroître son patrimoine, — à ce prince qui a voulu que de sa vie se dégageât une leçon.

aux coureurs d'aventures, en montrant aux
agités qu'il n'y a de vraie grandeur que dans
le respect scrupuleux des lois, — à ce fils de
roi qui, fier de sa naissance, a tenu à honneur
d'être partout et avant tout, pour les témoins
de sa vie comme pour la postérité, le modèle du vrai Français n'ayant d'autre passion que la gloire de la France.

# M. LE DUC D'AUMALE

## SA VIE

**Orléans (Henri-Eugène-Philippe-Louis d'), duc d'Aumale.**

1822. 16 janvier. Sa naissance.

1832-1839. Fait ses études au collège Henri IV.

1839. 21 août. Capitaine au 4e d'infanterie légère.

Novembre. Chef de bataillon au même corps.

1840. Mars. Détaché à l'État-major de la 1re division de l'armée d'Afrique.

1re campagne : Expédition de Médéah. Cité à l'ordre de l'armée : 1° pour sa conduite au combat de l'Affroun, 27 avril; 2° pour sa conduite à la prise du col de Mouzaïa, 12 mai.

Juin. Lieutenant-colonel au 4e léger.

Octobre. Détaché au commandement de l'école spéciale de tir pour l'instruction des chasseurs à pied.

1841. Passé au 24e de ligne.

2e campagne : Ravitaillement de Médéah et de Milianah. Expédition de Boghar, etc. Cité à l'ordre de l'armée pour sa conduite aux combats des 3 et 4 avril, 2, 3 et 5 mai.

Mai. Colonel du 17e régiment d'infanterie légère.

1842. Septembre. Maréchal de camp.

3e campagne : oct.-nov. Commande l'infanterie sous les ordres du général Bugeaud. Expédition dans l'Ouarsenis et le Cheliff.

Décembre : commande à Blidah en l'absence du général Changarnier.

1843. 4e campagne : commande la subdivision de Médéah; dirige plusieurs expéditions au cœur de l'hiver.

Janvier : coups de main dans le Sud.

Mars : expédition dans le Sebaou, combats dans le Jurjura.

Mai : prise de la smalah d'Abd-el-Kader.

Juin : lieutenant général. Organisation des indigènes dans la province de Tittery.

Septembre : commande la division de Constantine.

1844. 5e campagne : soumet le Ziban et le Belezma. Prise de Biskra. Combats de Mechounech, des Ouled-Sulthan. Organisation des bureaux arabes.

Novembre : son mariage à Naples avec Marie-Caroline-Auguste de Bourbon, fille du prince de Salerne.

1845. Inspecteur général des écoles de tir : organise ces écoles.

1846. Mars-juin. 6e campagne : commande les troupes qui opèrent dans le bassin du Haut-Cheliff. Combats dans l'Ouarsenis; pacification du Sud. Visite les trois provinces.

1847. Août. Gouverneur général de l'Algérie. 7º. campagne : reçoit la soumission d'Abd-el-Kader. Réorganisation de l'administration civile. Grands travaux préparatoires pour la colonisation, l'instruction publique des indigènes, etc.

1848. Mars. Départ d'Alger, arrivée en Angleterre.

1848 à 1870 } Exil.

1871. Février. Député à l'Assemblée Nationale par le département de l'Oise.
Président du Conseil général de l'Oise.
Membre de l'Académie française.

1873. Président du 1er Conseil de guerre.
Commandant le 7º corps d'armée.

1879. Inspecteur général d'armée.

1880. Membre de l'Académie des Beaux-Arts.

1883. Mis en non-activité par retrait d'emploi.

1886. 13 juillet. Second exil.

1889. 6 mars. Rappelé en France.
30 mars. Membre de l'Académie des sciences morales et politiques.

1894. La Société de secours aux blessés nomme président le général duc d'Aumale.

1897. 7 mai. Sa mort à Zucco, près de Palerme.

# SES OUVRAGES

**1. Notes sur deux petites bibliothèques françaises du XV° siècle**, petit in-4 de 64 pages, Londres, 1854.

Mémoire pour la société du Philobiblon. Insérées dans les *Philobiblon's Miscellanies*, London, 1854, elles ont été tirées à part à 28 exemplaires, chiffre maximum fixé par la société; l'auteur ne peut obtenir un tirage supplémentaire.

Il s'agit des deux petites bibliothèques de Jean du Mas, seigneur de l'Isle, et d'Antoine de Chourses, seigneur de Coëtivy, dont les mss forment deux fonds intéressants du cabinet de Chantilly.

**2. Les Zouaves et les Chasseurs à pied. Esquisses historiques**, in-12 de 177 pages. Paris, Michel Lévy, 9 mai 1855.

2ᵉ édition, 1ᵉʳ août 1855.
3ᵉ édition, 21 mars 1878.
4ᵉ édition, 17 décembre 1885.
Édition in-32, 9 juin 1855.

*Note autographe placée par l'auteur en tête du ms.*:
« Au mois de février 1855, au plus fort de la guerre
« de Crimée, M. Mallac, directeur de *l'Assemblée*
« *nationale*, me fit demander par le général Dumas
« quelques notes pour une histoire des Zouaves et
« des Chasseurs à pied qu'il voulait faire écrire
« par un de ses rédacteurs et insérer dans son
« journal. Je me mis à l'œuvre en commençant

« par les Zouaves. Mais ces notes étant devenues
« un petit article complet, j'envoyai mon manuscrit,
« non pas à M. Mallac, mais à M. Buloz, qui le publia
« dans la *Revue des Deux Mondes* du 15 mars, 1855.
« Les Chasseurs à pied suivirent et parurent dans
« le n° du 1er avril. On fit un tiré à part des deux
« articles; enfin Michel Lévy en a donné deux
« éditions, grand et petit in-12. »

Les articles étaient signés V. de Mars. La seconde
édition fut donnée par Michel Lévy la même année
1855, la troisième en 1878, la quatrième en 1885.
Une autre édition avait été publiée à Bruxelles en
1855. Enfin, en 1896, la Société des Amis des Livres
en donna une belle édition illustrée.

3. **Notes et documents relatifs à Jean, roi de
France, et à sa captivité en Angleterre,** petit
in-4 de 190 pages. Londres, 1856.

Publiés dans les *Philobiblon's Miscellanies*, Londres, 1856. Le tirage à part, fixé en mars 1856
à 25 exemplaires, ne lui suffit pas : il se décide
en avril à faire imprimer une édition en Angleterre.

4. **Nouveaux documents relatifs à Jean, roi de
France,** petit in-4 de 24 pages, avec un portrait
de Jean le Bon gravé d'après la peinture ori-
ginale conservée au Louvre. Londres, 1858.

Publiés dans les *Philobiblon's Miscellanies*.

5. **Alésia, étude sur la septième campagne de
César en Gaule,** in-8 de 245 pages. Paris, Michel
Lévy, 1859.

*Note insérée en tête du ms.* : « Au mois de juil-
« let 1857, M. Eugène de Lanneau, en m'envoyant
« une brochure que M. J. Quicherat venait de

« publier, me demanda mon avis sur la question
« qui agitait le monde des érudits (auquel pourtant
« je n'appartiens guère): « L'Alésia de Vercingétorix
« était-elle en Bourgogne ou en Franche-Comté? »
« Après un premier examen sommaire, j'avais déjà
« commencé ma réponse à M. de Lanneau. Mais,
« arrêté par de nouvelles difficultés, vivement inté-
« ressé par le sujet, entraîné de recherches en
« recherches, j'en vins à faire un travail qui prit
« une certaine importance, et m'occupa environ
« trois mois. M. Buloz voulut bien l'insérer dans
« la *Revue des Deux Mondes*, du 1er mai 1858. Quel-
« ques exemplaires furent alors tirés à part. M. Lévy
« vient d'en donner une nouvelle édition in-8°, cor-
« rigée par moi et précédée d'une courte préface,
« 6 décembre 1858. »

Les recherches commencées en septembre 1857,
l'auteur n'acheva le manuscrit qu'à la fin de janvier 1858. Madame la duchesse d'Aumale le recopia
et il fut envoyé le 8 février à M. Cuvillier-Fleury.
M. Buloz désira le faire signer par V. de Mars, secrétaire de la rédaction. L'auteur répond qu'il « n'a
aucune objection à voir le mémoire signé par le dieu
de la guerre ». Veut se contenter du tirage à part
très restreint de la *Revue*. Accepte avec peine l'idée
d'une édition spéciale. Le premier exemplaire lui
parvient le 26 novembre 1858.

**6. Lettre sur l'histoire de France adressée au
prince Napoléon, in-8. Paris, Dumineray, 1861.**

Le 1er mars 1861, le prince Napoléon avait prononcé au Sénat un discours dans lequel il attaquait
les princes d'Orléans. En mars, la réponse fut
écrite. Les difficultés de la publication à Paris qui
nécessitèrent l'achat d'une imprimerie à Saint-
Germain, et d'un fonds de libraire à Paris, retar-
dèrent l'apparition de la « Lettre », qui fut mise en

vente dans la journée du 13 avril 1861. L'imprimeur Beau fut condamné à six mois d'emprisonnement et 5000 fr. d'amende; le libraire à une année d'emprisonnement et 5000 fr. d'amende. Il y en eut 29 éditions, tant en France qu'à l'étranger, de 1861 à 1863.

7. **Discours prononcé au dîner anniversaire de la fondation du « Royal literary fund » le 15 mai 1861,** in-8 de 24 pages. Londres, 1861.

8. **Inventaire de tous les meubles du cardinal Mazarin, dressé en 1653 et publié d'après l'original conservé dans les archives de Condé,** in-8 de 404 pages. Londres, 1861.

C'est à la fin de l'année 1858 que le Prince eut la pensée de publier, dans la collection des *Philobiblon's Miscellanies*, l'inventaire des meubles de Mazarin en 1653, dont le manuscrit est conservé dans les Archives de Condé. Pour compléter ce document, M. Bertrandy fit, en 1859, des recherches dans les Dépôts de Paris, et envoya au Prince la copie du testament de Mazarin, de l'inventaire de 1661 et d'autres pièces. L'ouvrage fut publié à Londres en 1861.

9. **Description sommaire des objets d'art faisant partie des collections du duc d'Aumale, exposés pour la visite du « Fine Arts Club » le 21 mai 1862,** in-4 de 83 pages.

Pendant l'Exposition Universelle de Londres, le propriétaire de Twickenham voulut faire aux étrangers et surtout aux Français l'honneur de ses collections : de là, ce catalogue.

10. **Information contre Isabelle de Limeuil, mai-août 1564**, petit in-4 de 106 pages. Londres, 1863.

> Mémoire inséré dans le volume des *Philobiblon's Miscellanies,* London, 1863, et tiré à part à 100 exemplaires.
>
> Recherches et copies faites à Paris par M. Louis Paris en 1858-1859 en vue de l'*Histoire des Princes de Condé* [1].

11. **Discours prononcé à la réunion agricole d'Evesham**, in-8 de 16 pages. Bruxelles, 1863.

> C'était une sorte de Comice agricole qui réunissait tous les agriculteurs des environs. Il aurait voulu échapper à cette obligation, « mais les bons rapports en ce pays sont à ce prix. (Lettre à M. Cuvillier-Fleury du 15 septembre 1863.)

12. **La question algérienne, à propos de la lettre adressée par l'Empereur au maréchal de Mac-Mahon**. Paris, Michel Lévy, 1866, in-8 de 31 pages. Publié sans nom d'auteur.

---

1. Négociations relatives à un projet de mariage entre le roi Charles IX et la reine Élisabeth, 1563-1565. *Inédit.*

*Note insérée en tête du manuscrit :*

« Je comptais placer ce mémoire dans le volume de Mélanges que la Société des Philobiblon a donné en 1863. Je croyais que ces négociations n'avaient été connues d'aucun historien. Mais ayant vérifié que M. Mignet y avait fait allusion dans sa *Marie Stuart,* et qu'il avait fait imprimer dans l'appendice de cet ouvrage une partie des pièces que je présentais comme inédites, j'ai arrêté la publication de ce travail. J'ajoute cependant que ces dépêches n'avaient jamais paru *in extenso.* »

Les épreuves corrigées sont conservées à Chantilly.

13. **Les Institutions militaires de la France, Louvois, Carnot, Gouvion-Saint-Cyr**, Paris, Michel Lévy, 1er avril 1867, in-8.

> 2e édition, 15 juillet 1867, in-18.
> Éditions de Bruxelles, 1867, in-8 (deux éditions données par Muquardt).
> Traduction du capitaine Ashe publiée à Londres, *Chapman and Hall*, 1869, in-12.

> Ce volume, résumant des études anciennes, commencées à diverses dates, interrompues et reprises, a été, pour ainsi dire, improvisé, à la veille de la discussion de la loi militaire qui s'ouvrit en France au printemps de 1867 [1].

14. **Histoire des princes de Condé pendant les XVIe et XVIIe siècles**. Paris, Calmann Lévy, 8 in-8, 1869 à 1896.

> Tomes I et II. 1re édition : 17 avril 1869.
> Tome III. 2e édition : 20 octobre 1884.
> Tome IV. 23 janvier 1886.
> Tome V. 16 mars 1889.
> Tome VI. 31 mars 1892.
> Tome VII. 18 novembre 1895.

> La première pensée d'écrire la vie du Grand Condé date de décembre 1848. L'auteur ne cesse d'y travailler. En janvier 1850, le plan est tracé. L'introduction devait suffire aux premiers Condé;

---

1. Le petit volume publié sous son nom à Bruxelles sous le titre : *Lettres de Veras* est apocryphe. M. le Duc d'Aumale a publié une protestation dans les journaux belges et anglais, dès l'apparition de ce livre.

mais « on n'entre pas impunément dans le xvi° siècle » (février 1851). Il termine le premier Condé en novembre 1851, achève le second Condé en septembre 1853, va jusqu'à l'avènement de Richelieu en 1855 et 1856. Reprend activement en septembre 1856, veut publier les deux premiers volumes en 1857. Interruption causée par *Alesia*. Se remet au travail en février 1858. Remanie le premier volume. Madame la Duchesse d'Aumale le recopie (mars 1860). Changements, nouvelle copie (1861). L'impression commence (mars 1862). Nouvelles copies de Madame la Duchesse d'Aumale (avril 1862). Saisie administrative par le préfet de police, des feuilles chez le brocheur (janvier 1863). Continuation des corrections d'épreuves (janvier à décembre 1863).

Lutte judiciaire de 1863 à 1869.... En avril et mai 1869, il distribue à ses amis les exemplaires recouvrés.

Dans l'été de 1869, il reprend le travail interrompu depuis six ans et se remet au troisième volume; vit entre Richelieu et les Huguenots (janvier-mars 1870). En 1880, reprise du travail : l'auteur s'attache à la vie du grand Condé, publie, les 1er et 15 avril, 1er et 15 mai 1883, le récit de la bataille de Rocroy (*Revue des Deux Mondes*), achève les tomes III et IV en 1884 et 1885, les fait imprimer à la fin de 1885. Le tome V fut rédigé en exil en 1887 et 1888 et publié au printemps de 1889. Le tome VI parut en 1892. Le tome VII et la table à la fin de 1895.

15. **Discours sur la réorganisation de l'armée**, prononcé le **28 mai 1872** à l'Assemblée Nationale, in-8 de 22 pages. Paris, 1872.

16. **Discours de réception à l'Académie française le 3 avril 1873**.

17. **Notice sur le comte de Cardaillac**, lue à l'Académie des Beaux-Arts le 17 juillet 1880.

18. **Discours prononcé à l'Académie française le 7 avril 1881 pour la réception de M. Rousse.**

19. **Notice sur le manuscrit des Œuvres de Vatel.** Post-scriptum à la notice sur le manuscrit de Vatel, plaquette in-f° de 29 pages, compris le titre et le frontispice. Chantilly, 1881.

> Cette notice, fac-similé du manuscrit autographe du Prince, a été écrite pour servir d'introduction à une publication de la Société des Bibliophiles français dont le titre est « La suite des Œuvres poétiques de Vatel, reproduite en fac-simile d'après le manuscrit original. Paris, 1881. » Elle a été tirée à part à 60 exemplaires.

20 **Notice sur M. Cuvillier-Fleury**, 1888.
> Publiée dans le Livre du Centenaire du *Journal des Débats*.

21. **Notice sur M. Rosseeuw Saint-Hilaire**, lue à l'Académie des Sciences morales et politiques le 26 octobre 1889.

22. **Lecture faite par M. le duc d'Aumale à l'Académie française le 18 mars 1897**, 42 p. in-4 avec fac-similés.

> Sous ce titre, l'auteur lit un travail étendu sur le roi Louis-Philippe et le droit de grâce. C'était un chapitre de l'ouvrage que la mort, survenue cinquante jours plus tard, l'a empêché de poursuivre.

---

Coulommiers. — Imp. PAUL BRODARD. — 160-97.

27 novembre 46